Adrián Sosa Nuez

El exorcismo en la Iglesia Católica

Adrián Sosa Nuez

El exorcismo en la Iglesia Católica

Origen y protocolo

CREDO EDICIONES

Imprint
Any brand names and product names mentioned in this book are subject to trademark, brand or patent protection and are trademarks or registered trademarks of their respective holders. The use of brand names, product names, common names, trade names, product descriptions etc. even without a particular marking in this work is in no way to be construed to mean that such names may be regarded as unrestricted in respect of trademark and brand protection legislation and could thus be used by anyone.

Cover image: www.ingimage.com

Publisher:
CREDO EDICIONES
is a trademark of
Dodo Books Indian Ocean Ltd. and OmniScriptum S.R.L publishing group

120 High Road, East Finchley, London, N2 9ED, United Kingdom
Str. Armeneasca 28/1, office 1, Chisinau MD-2012, Republic of Moldova, Europe
Printed at: see last page
ISBN: 978-613-6-26795-1

Origen, alcance y sentido del canon 1172:
La licencia del ordinario para realizar exorcismos

Autor: Adrián Sosa Nuez
Director: José San José Prisco

ÍNDICE

I.   Introducción

Ubi societas, ubi ius. La Iglesia Católica es una de las instituciones más antiguas y consolidadas del mundo. Compuesta por unos mil millones de bautizados, sus fieles se rigen por el Código de Derecho Canónico. A su vez, el Catecismo de la Iglesia[1] resume toda su doctrina de fe y, entre sus dogmas más controvertidos, están aquellos que hablan de la existencia del demonio y/o demonios, cuya plasmación es la realización de numerosos exorcismos como remedio espiritual del fiel; creencias y prácticas que se remontan a sus mismos orígenes. Con todo, lo que nos proponemos en esta investigación es el análisis del canon 1172 del Código de 1983, el cual regula el modo lícito de llevar a cabo el rito del exorcismo mayor.

Para emprender dicha práctica sobre cualquier fiel es necesario, evitando así ulteriores conflictos con las regulaciones legales civiles y eclesiásticas[2], además de un peritaje psiquiátrico previo del supuesto poseso[3], que el sacerdote tenga licencia expresa de su ordinario así como las cualidades necesarias para poder ejercitarlo con suficientes garantías y según la fe y el sentir de la Iglesia de Cristo.

Por otro lado, el número 16 del nuevo ritual de exorcismos llamado *De exorcismis et supplicationibus quibusdam*, aprobado por San Juan Pablo II y promulgado por decreto de la Congregación para el Culto Divino y la Disciplina de los Sacramentos el 22 de noviembre de 1998, cuya edición fue modificada en 2004 y actualizada en 2021, exhorta lo siguiente a los

---

[1] San Juan Pablo II presentó solemnemente el nuevo Catecismo de la Iglesia Católica el 7 de diciembre de 1992, previa promulgación de la Constitución apostólica *Fidei depositum* (11-X-1992).

[2] Cf. CEC 1673: «El exorcismo intenta expulsar a los demonios o liberar del dominio demoníaco gracias a la autoridad espiritual que Jesús ha confiado a su Iglesia. Muy distinto es el caso de las enfermedades, sobre todo psíquicas, cuyo cuidado pertenece a la ciencia médica. Por tanto, es importante, asegurarse, antes de celebrar el exorcismo, de que se trata de una presencia del Maligno y no de una enfermedad (cf. CIC can. 1172)».

[3] Cf. D. V. GRAJALES, La posesión demoníaca: psicosis, neurosis histérica o trastorno neuropsicológico, Poiésis, (36), 2019, 192-199. Ya en el siglo XII Guillermo de Avernia delimitaba las competencias del médico y del exorcista. (Cf. H. HAAG, El diablo, su existencia como problema, Barcelona: Herder, 1978, 328). Siglos más tarde, es destacable la idea de que a partir de «Paracelso (+1541), la medicina ha dejado de creer en la posibilidad de una posesión diabólica» (H. HAAG, op.cit., 346). Más contemporáneamente, «a finales del siglo XIX el neurólogo francés Charcot, y su discípulo Richer compararon los síntomas de la posesión diabólica […] con los síntomas de la histeria». (H. HAAG, op.cit., 325).

posibles ministros: «El exorcista no proceda a celebrar un oficio de exorcismo, a no ser que, sostenido por la certeza moral, sepa que el exorcizando es verdaderamente un obseso por el demonio»[4].

Visto lo anterior apuntamos que, en el panorama social y eclesial actual, haciendo análisis muy superficial, observamos que hay al menos tres posturas sobre la existencia de los demonios. La primera es aquella que niega rotundamente la existencia de seres demoníacos independientes y distintos del hombre. Entre los creyentes este argumento está basado, en su mayor parte, en que sólo lo que tiene importancia para el "hombre actual" puede ser considerado una verdad teológica. Sostienen que los demonios no son importantes para la fe en Dios, por lo cual no encuentran lugar entre las afirmaciones teológicas válidas[5]. «A pesar de estas paradojas, la Iglesia las aceptó, las pulió y las propuso como verdades teológicas. Pero son verdades que hoy debemos revisar seriamente»[6].

La segunda postura está representada por un colectivo más modesto y agnóstico en lo que se refiere a la existencia de los demonios como inteligencias. Algunos autores cristianos, por ejemplo, afirman que los demonios representan realmente una realidad objetiva y que no son meros productos de la imaginación. Defienden a su vez que tal realidad podría ser un espíritu personal. No obstante, la mayoría de las veces sostienen que los demonios simbolizan aquellos elementos personales que alejan al hombre de Dios[7].

---

[4] DESQ 16.

[5] Hay una corriente de teólogos cristianos que niegan la existencia de poderes personales espirituales. Es así que, por ejemplo, C. Duquoc no admite la realidad del demonio (Cf. C. DUQUOC, *Symbole ou réalité*, LumVie 15 [1966] 99-105). Otro autor, en este caso P. Schoonenberg, no hablará de poderes personales, sino de poderes "personalizados" del pecado y de la muerte. Schoonenberg usa como sinónimos la "esclavitud del pecado" y "esclavitud del diablo" (Cf. P. SCHOONENBERG, El poder del pecado, Buenos Aires: Carlos Lohlé, 1967). En una línea similar se sitúa también Bultmann (Cf. R. BULTMANN, Jesucristo y mitología, Barcelona: Ariel, 1970) y Luigi Schiavo, entre otros (cf. L. SCHIAVO, La invención del Diablo: cuando el otro es problema, Costa Rica: Lara Segura & Asociados, 2012).

[6] A. ÁLVAREZ VALDÉS, ¿Cuál es el origen del diablo?, Pamplona: Verbo Divino, 2020, 16. Para profundizar en esa idea de revisión del dogma, el propio Álvarez nos invita a leer el libro "Pobre Diablo: Una biografía de Satanás". (Cf. H. ANSGAR KELLY, Pobre Diablo: Una biografía de Satanás, Barcelona: Global Rhythm, 2011).

[7] El teólogo Paul Tillich, por ejemplo, va a emplear categorías ontológicas sobre la caída de los ángeles entendida como mito, interpretando a los demonios como "poderes destructivos del ser". (Cf. P. TILLICH, Teología sistemática II, La existencia y Cristo, Barcelona: Ariel, 1973, 61). También dentro de esta corriente de aplicar el problema filosófico del Ser a la existencia de Satanás, encontramos a W. Kasper, opinando que en

El tercer punto de vista, en donde nos situamos nosotros, preconiza que es una creencia cristiana tradicional la existencia del diablo y de los demonios, como también lo es la de los ángeles, siendo así que la mayor parte de los teólogos católicos[8] admite la existencia de semejantes seres, lo que constituye la enseñanza ordinaria de la Iglesia[9]. Se acepta que éstos son espíritus alejados de Dios y enemigos del hombre; al igual que los ángeles se configuran como principados y potestades preterhumanas, que existen y obran en el mundo.

> «No es posible eliminar de la Escritura la existencia del demonio como ser personal sin alterar el mensaje cristiano en su misma esencia».[10] Así opina también Bortone: «la lucha de Cristo contra el demonio constituye uno de los aspectos más importantes de la obra de la redención»[11]. «La lucha contra Satanás por parte de Cristo, advierte Gozzelino, representa un componente irrenunciable de su actividad y de su misión»[12].

Por otra parte, Benedicto XVI, en su época de Prefecto para la Congregación de la Doctrina de la fe, escribía lo siguiente al respecto: «Digan lo que digan algunos teólogos superficiales, el diablo es para los cristianos una presencia misteriosa pero bien real, personal y no únicamente simbólica»[13].

---

realidad los demonios son "nada". (cf. W. KASPER, Diablo-Demonios-Posesión, Brescia, 1985, 45-78. [apud. C. BALDUCCI, El diablo. Existe y se puede reconocerlo, Bogotá: Ediciones Paulinas, 1990, 106 y ss)].

[8] Cf. C. BALDUCCI, El diablo. Existe y se puede reconocerlo, Bogotá: Ediciones Paulinas, 1990; F.M. DERMINI, *Ragioniamo sul demonio tra superstizione, mito e realtà*, Bolonia: ESD-Edizioni Studio Domenicano, 2020; G. NANNI, Il dito di Dio e il potere di Satana, Roma: CISU, 2019; M. Flick y Z. Alszhegy también confiesan que se trata de un dogma la existencia de los demonios. (cf. M. FLICK; Z. ALSZHEGY, Los comienzos de la salvación, Salamanca: Sígueme, 1965, 644).

[9] Cf. CONGREGACIÓN PARA LA DOCTRINA DE LA FE, Fe Cristiana y Demonología, 26-6-1975.

[10] L. MONDEN, El milagro, signo de salvación, Barcelona: Herder, 1963, 127.

[11] F. BORTONE, Demonio, Dic Espir 1, 548. (apud. J.A. SAYÉS, El demonio ¿realidad o mito, Valencia: Edicep, 2008, 42).

[12] J.A. SAYÉS, op.cit., 42

[13] J. RATZINGER, Informe sobre la fe, Madrid: BAC, 1985, 153.Sin embargo, en lo referente a la personalidad de Satanás, en otra de sus publicaciones -algunos años antes- opinaba que «a la pregunta de si el diablo es una persona, se debería responder exactamente: él es la no-persona, la desagregación, la disolución del ser personal y, por esta razón, lo que constituye su particularidad es el hecho de presentarse sin rostro». (J.

Otro de los teólogos más famosos e influyentes del siglo XX, Karl Rahner, afirma que no se puede discutir la existencia de los ángeles – buenos y malos–, dadas las declaraciones conciliares, además de que es un dato que se encuentra claramente reflejado en las Sagradas Escrituras[14]. Y aunque la fe en la existencia de Satanás no constituye el núcleo esencial de la revelación, sino un rasgo secundario, considerar la no existencia de Satanás como ser real y personal significa alejarse de la enseñanza ordinaria de la Iglesia.

En por eso que, a la luz del Catecismo de la Iglesia, reafirmamos que la Iglesia de Cristo y la teología dogmática católica enseñan inequívocamente que los ángeles y los demonios son seres reales y personales, de carácter absolutamente espiritual, no sólo representaciones simbólicas de fuerzas naturales o tendencias psíquicas humanas[15].

Por otro lado, dada la frecuencia con que, ante todo la Escritura y luego los Padres de la Iglesia, hablan del diablo –la más importante de las criaturas espirituales rebeladas contra la voluntad divina–, no es extraño que sus afirmaciones en este campo entraran a formar parte de la enseñanza oficial de la Iglesia.

«En una palabra, la actitud de la Iglesia en todo lo referente a la demonología es clara y firme. Es verdad que a lo largo de los siglos la existencia de Satanás y de los demonios nunca ha sido hecha objeto de una afirmación explícita de su magisterio. La razón está en que la cuestión no se planteó jamás en estos términos: tanto los herejes como los fieles, fundándose en la Sagrada Escritura, estaban de acuerdo en reconocer su existencia y sus principales perversidades. Por eso hoy, cuando se pone en duda la realidad demoníaca, es necesario hacer referencia —como hemos recordado hace poco— a la fe constante y universal de la Iglesia y a su fuente más grande: la enseñanza de Cristo. En efecto, la existencia del mundo demoniaco se revela como un dato dogmático en la doctrina del Evangelio y en el corazón de la fe vivida»[16].

RATZINGER, *Dogma y predicazione*, Brecia, 1974, 197. [apud R. LAURENTIN, El demonio ¿símbolo o realidad?, Bilbao: Descleé de Brouwer, 1998, 136]).

[14] K. RAHNER; H. VORGRIMLER, Diccionario Teológico, voz: Demonios, Barcelona: Herder, 1964, 157 y ss.

[15] Cf. CIC 392, 393,394, 395, 538ss., 635, 1086, 1673, 1708, 1237, 2113 ss., 2482, 2538, 2851ss.

[16] CONGREGACIÓN PARA LA DOCTRINA DE LA FE, Fe Cristiana y Demonología, 26-6-1975, conclusión.

Con todo, y no en vano, la Iglesia Católica siempre ha tenido y tiene un grupo de exorcistas con aprobación oficial que realizan exorcismos, varios cada año. Los exorcistas de la Iglesia Católica sostienen que los demonios atacan a los humanos de forma continua, pero que las personas afectadas pueden ser efectivamente curadas y protegidas por el rito formal de exorcismo; para ser realizados dichos ritos, como ya apuntamos anteriormente, han de ser autorizados únicamente por los obispos, y ejecutados por las personas que ellos designen.

Aceptado lo anterior, es necesario traer a colación la carta a los ordinarios del lugar para recordar las normas vigentes sobre los exorcismos -del también por entonces Cardenal Ratzinger- de la Congregación para la Doctrina de la Fe del 29 de septiembre de 1985[17]:

«Excelentísimo Señor,

Desde hace algunos años, se han multiplicado, en algunos grupos eclesiales, reuniones para rezar con la intención de conseguir la liberación de la influencia de los demonios, aunque no se trate de exorcismos propiamente dichos; estas reuniones son dirigidas por laicos, aun estando presente el sacerdote. Se ha preguntado a la Congregación para la Doctrina de la Fe su parecer sobre estos hechos, y este Dicasterio considera necesario dar a conocer a todos los Ordinarios la respuesta que sigue:

1. El canon 1172 del Código de Derecho Canónico afirma que a nadie es lícito realizar exorcismos sobre personas posesas, a no ser que el Ordinario de lugar haya concedido licencia peculiar y expresa para ello (§ 1), y determina también que esta licencia solo puede ser concedida por el Ordinario de lugar a un presbítero piadoso, docto, prudente y con integridad de vida (§ 2). Por lo tanto, se invita encarecidamente a los Obispos a urgir el cumplimiento de estos preceptos.

2. Como consecuencia de estas prescripciones, no está permitido a los fieles el empleo de la fórmula del exorcismo contra satanás y los ángeles apóstatas, tomada de la que fue publicada por mandato del Sumo Pontífice León XIII; y mucho menos emplear el texto íntegro de este exorcismo. Los Obispos traten de amonestar a los fieles sobre esto, en caso de necesidad.

3. Finalmente, por las mismas razones, se ruega a los Obispos que vigilen para que -aun en los casos en que excluyan la verdadera posesión diabólica, parece, sin embargo, que se manifiesta de algún modo la influencia diabólica- los que carecen del poder exigido no dirijan las reuniones, en las que se usan oraciones para conseguir la liberación del demonio; oraciones que directamente interpelen a los demonios o manifiesten el anhelo de conocer la identidad de los mismos. La

---

[17] AAS 77 (1985), 1169-1170.

formulación de estas normas de ningún modo debe disuadir a los fieles de rezar para que, como Jesús nos enseñó, estén libres del mal (cfr. Mt 6, 13). Además de eso, los Pastores podrán valerse de esta oportunidad para recordar lo que la Tradición de la Iglesia enseña al respecto sobre la función que corresponde propiamente a los Sacramentos y a la intercesión de la Bienaventurada Virgen María, de los Ángeles y de los Santos en la lucha espiritual de los cristianos contra los espíritus malignos.

Aprovecho la oportunidad para expresar a Vuestra Excelencia mis sentimientos de estima, mientras le quedo afmo, en el Señor.

Joseph Card. Ratzinger, Prefecto

Alberto Bovone, Secretario».

A la luz de esta comunicación, y atendiendo a nuestra realidad más cercana, observamos que son muchos los sacerdotes y no pocos laicos, que se toman la justica por su mano, llevando a cabo prácticas de pseudo-exorcismos que primero resultan ilícitas a la luz del código de Derecho Canónico en su actual regulación y, en segundo lugar, pueden causar confusión y daño en aquellos fieles que se ven sometidos a ello. Por eso me parece importante exponer la fundamentación e importancia del canon 1172 para la vida de los fieles en el actual siglo, siguiendo el verdadero criterio de la Iglesia.

> «El exorcismo es una ceremonia muy impresionante, capaz de actuar de un modo muy eficaz y peligroso en una persona enferma. Los conjuros dirigidos al demonio, los repetidos rociamientos con agua bendita, la estola puesta alrededor del cuello del paciente, las muchas señales de la cruz en su frente, etc., son muy capaces de crear una verdadera manía diabólica, en palabras y acciones, sobre un alma ya enferma. Llama al diablo y lo verás, o, mejor, no a él, sino a un retrato creado por las ideas de la persona enferma con respecto a él. Es por esta razón que ciertos sacerdotes, debido a la práctica inconsiderada e imprudente de practicar los exorcismos, crean, confirman y corroboran los mismísimos desórdenes que ellos desearían suprimir»[18].

Por otra parte, el profesor Antonio Doñoro, sacerdote, en su obra *Exorcismos. Fuentes y teología del Ritual de 1952*[19] (Toledo, 2011), estudia la situación de los exorcismos en España en los últimos cincuenta años. De 69 diócesis españolas, únicamente 25 (un 36%) han tenido algún exorcista, pero

---

[18] J. B. CORTÉS, «Exorcismos y liturgia», en Nuevo Diccionario de Liturgia, Madrid: Ediciones Paulinas, 1987, 818.

[19] A. DOÑORO, Fuentes y teología del Ritual de 1952, Toledo: Instituto Teológico San Ildefono, 2016.

sólo 18 lo conservan hoy. Son 44 las diócesis que no tienen exorcista nombrado por el Obispo. Por otra parte, podemos encontrar algún sacerdote exorcista que, en el ejercicio de los exorcismos, halle dificultades entre sus compañeros o en su misma Curia diocesana. Es así que, en muchas Iglesia locales, por acción o por omisión, se eliminan prácticamente los exorcismos de la vida pastoral, o simplemente se les pone alguna dificultad, aun legitimados, que prácticamente los impiden. Vemos, por lo tanto, la actualidad y urgencia de esta cuestión.

Para realizar nuestro trabajo, primero llevaremos a cabo una somera fundamentación teológica para después analizar mejor el canon 1172 en su origen, historia de redacción e interpretación. Seguimos así el camino marcado por la *Optatam Totius* 16 del Concilio Vaticano II, que establece la manera de estudiar el Derecho Canónico a la luz del Misterio de la Iglesia:

> «De igual manera, en la exposición del derecho canónico y en la enseñanza de la historia eclesiástica, atiéndase al misterio de la Iglesia, según la Constitución dogmática *De Ecclesia*, promulgada por este Sagrado Concilio».

II.   Fundamentos teológicos del Canon 1172

Con el objetivo de llevar a cabo una oportuna fundamentación teológica del Derecho canónico, buscamos en este apartado sintetizar brevemente aquellos aspectos doctrinales de nuestro tema, de forma que dicho ejercicio nos ayude a comprender mejor la historia de la práctica exorcística y, posteriormente, su sentido dentro de la legislación canónica y su correcta interpretación.

1. Presupuestos teológicos

Empezamos advirtiendo que quien quiera abordar la cuestión del diablo en teología se va a encontrar, primeramente, que se trata de un asunto complejo, chocante, y que no es fácil de sistematizar -ya hemos podido ser testigos de ello en la introducción-. «Hablar hoy en día del demonio no es un tema fácil»[20]. Tras un estudio inicial, yo he optado por lo que me parece más oportuno, lógico y, por ello, y en último término, sencillo.

Ante el deseo de hablar de una pregunta clásica de la dogmática como lo puede ser la del diablo, he visto que la forma en que mejor pueden quedar englobadas las distintas parcelas filosóficas y teológicas, que tocan de lleno lo que nos confiere, es partir de algo nuclear. Y no he visto mejor núcleo que el término bíblico con el que Dios nos revela al diablo, ya presente en el AT y con el nombre propio Satanás en el NT[21]. De ahí que como quiero diferenciar en mi estudio la persona de Satanás y sus obras, sea mejor hablar en una primera parte de satanología, pues es eso precisamente lo que significa. Este me permite focalizarme en la parte de la demonología –tratado de los demonios–[22] que trata única y exclusivamente de la persona de Satanás y su relevancia teológica en la introducción de nuestro estudio; aunque no exista

---

[20] J.A. SAYÉS, op.cit., 9.

[21] Cf. CEC 2851.

[22] La demonología fue desarrollada por los Padres y luego por los teólogos medievales, que investigan cuál es la condición del demonio dando interpretaciones y formulando conjeturas sobre la naturaleza de su ser, su manera de conocer, sus poderes y facultades reales, los motivos de su culpa y de su caída, su estado colectivo jerárquico, etc. «En la edad media se construye una especie de sistemática de la demonología». (H. HAAG, op.cit., 328). Sin embargo, nos percatamos de que estas investigaciones tienen la limitación de que alejan la reflexión demonológica de la soteriológica para tratarla de forma autónoma.

propiamente un tratado dedicado a la satanología, considero que hay materia de estudio en ella como para separarse sustancialmente de la demonología[23]. Incluso creo que es más interesante, para la teología como tal, la satanología, mientras que la demonología a quien más le podría interesar sería, en todo caso, y por la materia de la que trata, al exorcista, cuya identidad y entidad fundamentaremos a raíz del estudio de los distintos rituales de exorcismos surgidos en la Iglesia y de su actual expresión legal en el canon 1172.

Esta diferenciación nos ayudará a no perdernos en este asunto tan poco tocado, y en el que cabe mucho ámbito de confusión, ya sea por la terminología a analizar (demonio, maligno, enemigo...) como por la ciencia que quiera profundizar en esta cuestión (exegética, dogmática, historia). Por eso creo que otros métodos para abordar este pilar teológico de la satanología y de su relación con los exorcismos, me parecen arriesgados tanto por cuestiones exegéticas como hermenéuticas, y más en un panorama como el actual donde el esoterismo y el *New Age* se apropian de realidades espirituales en las que antes solo se le presumía competencia a la Iglesia Católica.

2. La aportación bíblica: Satanás como ser real

En este punto empezamos citando el Catecismo de la Iglesia en su número 2851, el cual dice que: «[...] El mal no es una abstracción, sino que designa una persona, Satanás, el Maligno, el ángel que se opone a Dios. El "diablo" (diá-bolos) es aquél que "se atraviesa" en el designio de Dios y su obra de salvación cumplida en Cristo».

Una lectura holística de la Biblia nos hace contradecir la postura teológica de que el término "Satán" es un sinónimo de la naturaleza humana interna. El vocablo "Satanás" viene del hebreo, y significa literalmente "adversario."[24] Una de las primeras menciones del término Satanás se encuentra en el Libro de Job 1-2 (en este caso como adversario de Job). Satanás va a aparecer también en Zacarías, en donde acusa a Josué, el Sumo Sacerdote. También lo vemos en 1ª de Crónicas 21, 1 impulsando a David a realizar un censo en Israel. En resumen, Satanás aparece como líder de las

---

[23] Por ejemplo, Herbert Haag hace este ejercicio de separar ambas disciplinas (Cf. H. HAAG, op.cit., 274 y ss).

[24] Cf. J.A. SAYÉS, op.cit., 15 y ss.

fuerzas malignas, contrarias al proyecto de Dios. Es nombrado también como Belcebú, el maligno[25].

Pero debemos tener claro que la mayoría de la información acerca de Satanás proviene del Nuevo Testamento, en donde también es conocido como el diablo; del griego "diabolos", significa "el que separa". En el NT se habla del demonio 511 veces; una evidencia más que apoya la referencia escriturística a Satanás como una realidad. Además, aparece realmente como el enemigo personal del Reino de Dios que Cristo quiere instaurar. «El príncipe del mal trata de hacernos dejar el ejército de la luz por el de las tinieblas, y perdernos así para el Reino de Dios»[26].

El Reino es la salvación definitiva que ha llegado con Cristo, y que nos libera del pecado y de la muerte y nos introduce en la filiación divina. El enemigo de este Reino no son las legiones romanas. Jesucristo no dice: El Reino de Dios ya ha llegado porque empiezan a marcharse los romanos, sino que, si yo expulso a los demonios con el dedo de Dios, es que el Reino de Dios ha llegado[27].

Analizando los textos neotestamentarios[28] vemos cómo el propósito de Satanás no es otro que el de destruir la obra de Dios (Mc 4,15) y hacer el mal (Jn 13, 2). A su vez, es el padre de la mentira (Jn 8, 44) y el engañador (Ap 12, 9). Por otra parte, puede disfrazarse como ángel de luz (2 Co 11, 14); usar distintos planes para engañar a la gente (2 Co 2, 11), tentar (1 Co 7, 5); cita erróneamente las Escritura para llevar a las personas a pecar (Mt 4, 6); puede hacer que las personas se enfermen (Lc 13, 6); llevarse la buena semilla de la Palabra de Dios (Mr 4, 15), así como dificultar el trabajo misionero (1 Ts 2, 18). Sin embargo, el Nuevo Testamento advierte que Satanás con todas sus fuerzas serán juzgados (Jn 16,11) y enfrentará a un juicio futuro donde será echado al infierno (Mt 25, 41; Ap 20, 10).

El punto que los exegetas establecen a partir de tales referencias, tanto del Antiguo como del Nuevo Testamento, es que en todas las apariciones de la palabra "Satanás" se alude a una entidad externa, en ningún caso, "Satanás" aparece significando el mal en el corazón humano.

---

[25] Cf. J.A. SAYÉS, op.cit., 15 y ss.

[26] J. BURTON RUSSELL, Satanás: la primitiva tradición cristiana, México: Fondo de cultura económica, 1986, 47.

[27] Cf. LG 5.

[28] Cf. E. MIQUEL PERICÁS, Jesús y los espíritus: Aproximación antropológica a la práctica exorcista de Jesús, Salamanca: Sígueme, 2009, 106-110; P. GARCÍA, Aquel Pablo de Tarso, El Salvador: Publicaciones Claretianas, 2008, 50 y ss.

Y es que si el vocablo "Satanás" se refiriese al hombre en su propia naturaleza dañada por el pecado, como sostienen algunos autores[29], entonces los evangelistas hubiesen producido citas incongruentes de las Escrituras en la persona del propio Jesús. No obstante, nada sugiere que Jesús, en su episodio en el desierto, estuviese hablando consigo mismo. Además, este caso Jesús no tenía pecado (cf. 2 Co, 5). Con todo, si la tentación de Jesús no vino de dentro de sí mismo, entonces tiene que venir de alguna fuente externa. Y es aquí donde los Evangelios identifican claramente esa fuente como Satanás.

En este escenario en donde Satanás, la muerte y el pecado se consideraban estrechamente unidos. La muerte no se concebía como una realidad abstracta o un hecho sin explicación, sino que fue personificada como el enemigo por excelencia (cf. Sal 5,10). Es así que la muerte utiliza como mensajeros amenazantes a los demonios para anunciar desgracias. La muerte, ya personificada, no se limita a esperar que sus huéspedes lleguen a su reino, sino que entra en el mundo para llevárselos. Con todo, parece que en Israel se producirá una evolución, que va desde una concepción inicial mitológica de la muerte a la creencia en su personificación en el enemigo: Satanás, el diablo.

Para lo que a nosotros atañe, notamos que Jesús parece haber comprendido su misión como un enfrentamiento contra el poder de Satanás y sus obras[30]y en ese sentido hay que entender las curaciones y expulsiones de demonios, junto con su mensaje para los postergados y excluidos, es decir, para todos los que sufren las consecuencias del mal.

3. La figura de Satanás en los Concilios

Creemos que la siguiente tesis de H. Haag nos puede ayudar a aterrizar bien en este punto:

> «Son muy numerosas las fórmulas doctrinales de concilios locales
> y ecuménicos y los documentos del magisterio que menciona al diablo.
> Con todo, su existencia nunca ha sido objeto formal de una definición;
> sencillamente, en las afirmaciones doctrinales centradas en los

---

[29] Cf.P. SCHOONENBERG, op.cit.

[30] Cf. J. RUIZ DE LA PEÑA, Teología de la Creación, Santander: Sal Terrae, 1986, 166; J. FEINER; M. LOHRER, *Mysterium Salutis*, vol. V, El cristianismo en el tiempo y la consumación escatológica, Madrid: Ediciones Cristiandad, 688-689; X.X. RODRÍGUEZ FERNÁNDEZ, La tentación de Jesús y la lucha contra Satán, Salamanca: UPSA, 1999.

contenidos esenciales de la fe se daba por supuesta, de acuerdo con el estado de fe y conciencia de cada época»[31].

Siguiendo un orden cronológico, advertimos que el primer concilio de carácter local que se posicionó solemnemente sobre la cuestión de Satanás sería el concilio de Braga, en Portugal. Dicho hito tuvo lugar el año 561, y se trataba de una refutación en contra los maniqueos y los priscilianos, los cuales sostenían que Satanás no había sido creado por Dios, intentando erradicar así el dualismo entre el bien y el mal que veían como dos principios co-eternos e iguales en poder dichas doctrinas heréticas. Se expresaba así el concilio:

> «Si alguno dice que el diablo no fue primero un ángel bueno hecho por Dios, y que su naturaleza no fue obra de Dios, sino que dice que emergió de las tinieblas y que no tiene autor alguno de sí, sino que él mismo es el principio y la sustancia del mal, como dijeron Maniqueo y Prisciliano, sea anatema»[32].

El diablo queda así reducido a criatura, creado en origen bueno y vuelto libremente hacia el mal, creando así un sustrato posible para los siguientes ángeles rebelados.

Siglos más tarde, Inocencio III en el IV Concilio de Letrán (1215), reafirmó esta doctrina contra del dualismo, aludiendo a que «el diablo y los otros demonios fueron creados buenos por Dios y que se hicieron malos por culpa propia»:

> «Firmemente creemos y simplemente confesamos, que uno solo es el verdadero Dios, eterno, inmenso e inconmutable, incomprensible, omnipotente e inefable, Padre, Hijo y Espíritu Santo: tres personas ciertamente, pero una sola esencia, sustancia o naturaleza absolutamente simple. El Padre no viene de nadie, el Hijo del Padre solo, y el Espíritu Santo a la vez de uno y de otro, sin comienzo, siempre y sin fin. El Padre que engendra, el Hijo que nace y el Espíritu Santo que procede,: consustanciales, co-iguales, co-omnipotentes y coeternos; un solo principio de todas las cosas; Creador de todas las cosas, de las visibles y de las invisibles, espirituales y corporales; que por su omnipotente virtud a la vez desde el principio del tiempo creó de la nada a una y otra criatura, la espiritual y la corporal, es decir, la angélica y la mundana, y después la humana, como común, compuesta de espíritu y de cuerpo. Porque el diablo y demás demonios, por Dios ciertamente fueron creados buenos por naturaleza; mas ellos, por sí mismos, se hicieron malos. El hombre, empero, pecó, por sugestión del diablo. Esta Santa Trinidad, que según la común esencia es indivisa y, según las propiedades personales, diferente, primero por

---

[31] H. HAAG, op.cit., 78.

[32] Dz 237.

Moisés y los santos profetas y por otros siervos suyos, según la ordenadísima disposición de los tiempos, dio al género humano la doctrina saludable»[33].

Otra parada necesaria la hacemos en el concilio de Trento, el cual en su decreto relativo al pecado original definió que dicho acto puso a la humanidad bajo la cautividad de Satanás, quien tenía poder sobre la muerte:

«En primer lugar declara el santo Concilio que, para entender recta y sinceramente la doctrina de la justificación es menester que cada uno reconozca y confiese que, habiendo perdido todos los hombres la inocencia en la prevaricación de Adán (Rm 5,12 1Co 15,22; v. 130), hechos inmundos (Is 64,4) y (como dice el Apóstol) hijos de ira por naturaleza (Ep 2,3), según expuso en el decreto sobre el pecado original, hasta tal punto eran esclavos del pecado (Rm 6,20) y estaban bajo el poder del diablo y de la muerte, que no sólo las naciones por la fuerza de la naturaleza [Can. 1], mas ni siquiera los judíos por la letra misma de la Ley de Moisés podían librarse o levantarse de ella, aun cuando en ellos de ningún modo estuviera extinguido el libre albedrío [Can. 5], aunque sí atenuado en sus fuerzas e inclinado [V. 181]»[34].

Relacionado con lo anterior, en otro número también cita la Carta a los Hebreos, en donde habla de ese estado de impotencia y esclavitud de la humanidad entera por medio de la caída de Adán, achacando nuevamente el imperio de la muerte a Satanás:

«Si alguno no confiesa que el primer hombre Adán, al transgredir el mandamiento de Dios en el paraíso, perdió inmediatamente la santidad y justicia en que había sido constituido, e incurrió por la ofensa de esta prevaricación en la ira y la indignación de Dios y, por tanto, en la muerte con que Dios antes le había amenazado, y con la muerte en el cautiverio bajo el poder de aquel que tiene el imperio de la muerte (He 2,14), es decir, del diablo, y que toda la persona de Adán por aquella ofensa de prevaricación fue mudada en peor, según el cuerpo y el alma [v. 174]: sea anatema»[35].

El Concilio Vaticano I haría una alusión indirecta a nuestro tema al recordar la idea de la Creación por parte de Dios de una realidad material y otra espiritual angélica previa a la anterior, en donde se situaría la existencia de Satanás. Esto quiere decir que la libertad también existe en la primera creación espiritual angélica.

---

[33] Dz 428. Letrán responde a la oposición de los cátaros y albigenses, que se habían instalado en el sur de Francia, y que eran herederos de la concepción maniquea, según la cual existía un principio absoluto del bien y un principio absoluto del mal.

[34] Dz 793.

[35] Dz 788.

«[Del acto de la creación en sí y en oposición a los errores modernos, y del efecto de la creación]. Este solo verdadero Dios, por su bondad «y virtud omnipotente», no para aumentar su bienaventuranza ni para adquirirla, sino para manifestar su perfección por los bienes que reparte a la criatura, con libérrimo designio, «juntamente desde el principio del tiempo, creó de la nada a una y otra criatura, la espiritual y la corporal, esto es, la angélica y la mundana, y luego la humana, como común, constituida de espíritu y cuerpo» [Conc. Later. IV, V. 428; Can 2 y 5]»[36].

Por otra parte, y aunque a diferencia de los anteriores concilios el Concilio Vaticano II no define verdades de fe al ser un concilio de finalidad pastoral, nombra hasta 18 veces la figura de Satanás bajo diversos títulos[37]. Es así que desde el número 6 de la constitución sobre la liturgia *Sacrosanctum Concilium* se nos dice que «el Hijo de Dios, con su muerte y resurrección, nos ha librado del poder de Satanás y de la muerte y nos ha trasladado al reino del Padre».

Otro documento, el número 5 de la constitución sobre la Iglesia, *Lumen Gentium,* recuerda que Cristo tiene poder sobre el demonio: «Los milagros de Jesús, a su vez, confirman que el reino ya llegó a la tierra: "Si expulso los demonios por el dedo de Dios, sin duda que el reino de Dios ha llegado a vosotros" (Lc 11,20; cf. Mt 12,28)».

Más adelante, el número 16 apunta que: «Con mucha frecuencia los hombres, engañados por el Maligno, se envilecieron con sus fantasías y trocaron la verdad de Dios en mentira, sirviendo a la criatura más bien que al Creador (cf. Rm 1,21 y 25), o, viviendo y muriendo sin Dios en este mundo, se exponen a la desesperación extrema».

En el número inmediatamente posterior, el Concilio defiende que la obra de la Iglesia consiste en arrancar a los hombres de la servidumbre del error al que induce Satanás:

«Con su trabajo consigue que todo lo bueno que se encuentra sembrado en el corazón y en la mente de los hombres y en los ritos y culturas de estos pueblos, no sólo no desaparezca, sino que se purifique, se eleve y perfeccione para la gloria de Dios, confusión del demonio y felicidad del hombre». (LG 17).

Otra constitución, en este caso la *Gaudium et Spes* que aborda la relación entre la Iglesia y el mundo actual, también menciona lo siguiente al respecto:

---

[36] Dz 1783.

[37] Cf.J.A. SAYÉS, op.cit., 9.

«La Sagrada Escritura, con la que está de acuerdo la experiencia de los siglos, enseña a la familia humana que el progreso altamente beneficioso para el hombre también encierra, sin embargo, gran tentación, pues los individuos y las colectividades, subvertida la jerarquía de los valores y mezclado el bien con el mal, no miran más que a lo suyo, olvidando lo ajeno. Lo que hace que el mundo no sea ya ámbito de una auténtica fraternidad, mientras el poder acrecido de la humanidad está amenazando con destruir al propio género humano.

A través de toda la historia humana existe una dura batalla contra el poder de las tinieblas, que, iniciada en los orígenes del mundo, durará, como dice el Señor, hasta el día final. Enzarzado en esta pelea, el hombre ha de luchar continuamente para acatar el bien, y sólo a costa de grandes esfuerzos, con la ayuda de la gracia de Dios, es capaz de establecer la unidad en sí mismo»[38].

Vemos, por lo tanto, como ni siquiera el último concilio ecuménico de la historia de la Iglesia ha dejado de hablar de lo que nos atañe, ni tampoco de su urgencia para con los creyentes del mundo actual.

4. La figura de Satanás en el Papado

Es conveniente destacar en este apartado el episodio que tuvo lugar en el año 1886 en la persona de León XIII. Dicho Papa, a consecuencia de una visión que tuvo haciendo la acción de gracias después celebrar una misa, según la cual habría un tiempo en que Satanás entraría en la Iglesia y sembraría la confusión, tomó lápiz y papel y escribió una oración de exorcismo invocando a San Miguel Arcángel que, a partir de su aprobación, había de rezarse siempre en toda la Iglesia al término de cada Eucaristía[39]:

San Miguel arcángel, defiéndenos en batalla,

sé nuestro amparo contra las maldades y asechanzas del diablo,

que Dios le reprenda, es nuestra humilde súplica;

y tú, Príncipe de las huestes celestiales,

por el poder de Dios,

arroja al Infierno a Satanás y a los demás espíritus malignos,

---

[38] GS, 37.

[39] AAS 23 (1890-91).

Dicha oración quedará también integrada en el *Rituale Romanum* tradicional de Paulo V (ed. 1954, tit. XII, c.III), a la vez que incluida en el nuevo *Ritual de exorcismos* (1999), en la parte final del mismo, entre las «súplicas que pueden ser empleadas privadamente por los fieles en la lucha contra las potestades de las tinieblas»[40]. Asimismo, dejaría de recitarse obligatoriamente tras la misa a partir de la reforma litúrgica emprendida por el Vaticano II y su Constitución *Sacrosanctum Concilium*. Relacionado a esto último, también cabe destacar que el "Maligno" al que aludía la versión latina del Padre Nuestro sería posteriormente traducido a las lenguas vernáculas por "Mal" -*libera nos a Malo* por *líbranos del mal*, en el caso del idioma castellano.- [41]

Visto lo anterior, señalamos que son numerosas las intervenciones históricas de los Papas referentes a la cuestión del Mal como ser personal: (Pío X, *Supremi apostolatus cathedra*, 1903, nn. 131-132; Pío XI (*Divini Redemptoris* 1937, n.22; Pío XII, *Nous vous adressons* 1950).

Años más tarde, en la festividad de San Pedro del año 1972, el Papa Pablo VI apuntaba lo siguiente:

«…Diríamos que, por alguna rendija misteriosa – no, no es misteriosa; por alguna rendija, el humo de Satanás entró en el templo de Dios. Hay duda, incertidumbre, problemática, inquietud, insatisfacción, confrontación». «Ya no se confía en la Iglesia. Se confía en el primer profeta pagano que vemos que nos habla en algún periódico, para correr detrás de él y preguntarle si tiene la fórmula para la vida verdadera. Entró, repito, la duda en nuestra conciencia. Y entró por las ventanas que debían estar abiertas a la luz: la ciencia».

Ese mismo año, en un discurso pronunciado en la audiencia general del 15 de noviembre de 1972, se reafirma en la antigua fe cristiana en la existencia de un diablo como ser espiritual personal maligno:

«¿Cuáles son las necesidades más grandes de la Iglesia? Que no os maraville como simplista o incluso supersticiosa o irreal nuestra respuesta: una de las más grandes necesidades de la Iglesia es la defensa contra este mal que llamamos demonio… El Mal no es solamente una

---

[40] RITUAL ROMANO DE EXORCISMOS Y OTRAS SÚPLICAS, Apéndice II, Versión castellana de la edición típica, 2005.

[41] Cf. J.A. SAYÉS, op.cit., 47; F. JOSÉ MARÍA, Ministerio de liberación: El oficio de exorcista, Salamanca: San Esteban, 2010, 182.

deficiencia. Es la acción de un ser vivo, espiritual, pervertido y pervertidor. Realidad terrible, misteriosa y temible. Es el enemigo número uno, es el tentador por excelencia. Sabemos, pues (por la Biblia), que este ser oscuro y perturbador existe de verdad, y que con astucia alevosa sigue obrando; es el enemigo oculto que siembra errores y desventuras en la historia humana».

El Papa afirmaba rotundamente que no estaba utilizando un lenguaje metafórico en sus exhortaciones relativas al diablo; además, indicó que cuantos rechazan conscientemente reconocer la existencia de dicha realidad «se salen del cuadro de las enseñanzas bíblicas y eclesiásticas». Y, finalmente, observó: «Podemos suponer su acción siniestra allí donde la negación de Dios se hace radical, sutil y absurda, donde la mentira se afirma hipócrita y poderosa contra la verdad evidente, donde el amor es extinguido por un egoísmo frío y cruel, donde el nombre de Cristo es impugnado con odio consciente y rebelde (cf 1 Cor 16,22; 12,3), donde el espíritu del evangelio es alterado y desmentido, donde la desesperación se afirma como la última palabra».

En la misma línea que su predecesor, San Juan Pablo II exhorta que «las impresionantes palabras del Apóstol Juan, "el mundo entero está bajo el Maligno" (1 Jn 5,19) aluden a la presencia de Satanás en la historia de la humanidad, una presencia que se hace más fuerte a medida que el hombre y la sociedad se alejan de Dios» (Audiencia general 13-8-1986; cf. 20-8-1986).

Años más tarde en otra Audiencia general, esta vez la del 3 de junio de 1998, el mismo pontífice nos recuerda que:

«La lucha con Satanás, iniciada en el desierto, prosigue durante toda la vida de Jesús. Una de sus actividades típicas es precisamente la de exorcista, por la que la gente grita admirada: "Manda hasta a los espíritus inmundos y le obedecen" (Mc 1, 27). Quien osa afirmar que Jesús recibe este poder del mismo diablo blasfema contra el Espíritu Santo (cf. Mc 3, 22-30), pues Jesús expulsa los demonios precisamente «por el Espíritu de Dios" (Mt 12, 28). Como afirma san Basilio de Cesarea, con Jesús "el diablo perdió su poder en presencia del Espíritu Santo" (*De Spiritu Sancto*, 19)».

El Papa Francisco tampoco va a ser ajeno a esta cuestión, más bien a ayudado a recordar su importancia en numerosas ocasiones. Es así que el 30 de octubre de 2014, desde la capilla de la Casa Santa Marta donde reside, el Santo Padre dijo en su homilía que «a esta generación y a muchas otras se les ha hecho creer que el diablo era un mito, una figura, una idea, la idea del mal", pero recordó que San Pablo nos enseña en el Evangelio que "¡pero el diablo existe y nosotros debemos combatir contra él!».[42]

En la Audiencia general del 1 de mayo de 2019, el Papa recordó que Cristo enfrentó al diablo en el desierto, pero «rechazó toda tentación y salió victorioso». Exponía que la vida pública de Jesús comenzó «con la tentación que viene de Satanás. Satanás estaba presente allí. Mucha gente dice: "Pero por qué hablar del diablo, que es una cosa antigua, el diablo no existe". No, mira lo que te enseña el Evangelio: Jesús se enfrentó al diablo. Fue tentado por Satanás». Sentenciaba el Sumo Pontífice.

5. Satanología: *status questionis*

Traemos a colación en este punto al poeta simbolista francés Charles Baudelaire, el cual, hijo de un ex sacerdote, afirmó a mediados del siglo XIX que la mejor estrategia utilizada por Satanás es la de persuadir a la gente de su no existencia. Se expresaba así:

> «¡Mis queridos hermanos, no olvidéis nunca, cuando oigáis pregonar el progreso de las luces, que, de las trampas del diablo, la más lograda es el persuadiros de que no existe!»[43].

Haciendo una lectura atenta de sus palabras, y echando una mirada al ambiente cultural que nos rodea, podemos afirmar que dicha estrategia que acusaba el poeta parece ir dando frutos.

En esta línea, y ya desde la teología, en este caso protestante, citamos a Rudolf Bultmann (1884-1976), quien como exegeta afirma que: «El hombre moderno ya no puede aceptar estas concepciones mitológicas de cielo e infierno, porque, para el pensamiento científico, hablar de "arriba" y "abajo" en el universo ha perdido toda su significación"[44]. Esto lo hace considerando que la ciencia actual explica lo que la cultura antigua explicaba recurriendo a lo sobrenatural. «Eran los tiempos de desmitificación y ya había dicho Bultmann que no se podía tener luz eléctrica y creer en el demonio»[45].

---

[42] Cf. E. CASES, Jesús contra Satán, Barcelona: Stella Maris, 2015, 11 y ss.

[43] C. BAUDELAIRE, El jugador generoso, Pequeños poemas en prosa, n 29, Madrid: Cátedra, 1986, 104.

[44] R. BULTMANN, Jesucristo y mitología, Barcelona: Ariel, 1970, 25.

[45] J.A. SAYÉS, op.cit., 9-10.

Es así que el autor alemán considera que la «concepción de Satanás como soberano del mundo expresa una profunda intuición [...] una forma mitológica de expresar los poderes que dirigen la historia y corrompen nuestra vida social y política»[46], pero no la realidad de su existencia.

Por otra parte, tenemos la tradición teológica imperante. En este escenario, veamos el clarificador resumen dogmático que nos aporta H. HAAG:

> «En la teología católica existe práctica unanimidad sobre la idea de la existencia del diablo o Satán y de otros innumerables demonios. Todos ellos son ángeles caídos, arrastrados al pecado y convertidos en demonios por seducción de Satán. Satán emplea todo su poder en implantar, con la ayuda de los demonios a sus órdenes, un reino opuesto a Dios y en someter a su dominio a los hombres, induciéndolos a pecar. De este modo ejerce un influjo determinante sobre el curso de la historia humana. La lucha de Satán contra Dios y los hombres se prolongará hasta el día del juicio final. Entonces Satán y todos sus partidarios serán despojados de todo su poder».[47]

Para ampliar nuestro análisis con la parte sistemática de la satanología actual, nos vamos a apoyar en la aportación de Karl Rahner en sus distintas colaboraciones enciclopédicas[48], quien en su análisis va a preferir usar el concepto de diablo para referirse a Satanás. También nos valdremos de la síntesis demonológica el que se encuentra en de la colección *Mysterium Salutis*.[49] Este pequeño esquema nos va a servir para alumbrar de forma breve y concisa el *status questionis* de nuestro tema:

a) Si por el término "diablo" hemos de entender en algún sentido al principal de los demonios, como horizonte de una comprensión teológica del d. hay que tomar en consideración todo lo dicho en los vocablos --> angelología, -> ángeles, -> demonios.

b) En consecuencia también aquí hemos de sostener que: a) lo dicho sobre el d. (prescindiendo ahora de su relación con los otros demonios) no puede ser entendido como una mera personificación mitológica del mal en el mundo, o sea, la existencia del diablo no puede discutirse; b) sin embargo, el d., igual que los otros demonios, no puede concebirse a

---

[46] J.A. SAYÉS, op.cit., 9-10.

[47] H. HAAG, op.cit., 52.

[48] K. RAHNER; H. VORGRIMLER, Diccionario Teológico, voz: Demonios, Barcelona: Herder, 1966, 157 y ss; Véase también VV.AA.; *Lexikon für Theologie und Kirche*, vol. III, Demonología, 1959, 145-147.

[49] J. FEINER; M. LOHRER, *Mysterium Salutis*, vol. II, t. I, La Historia de la Salvación antes de Cristo I, Madrid: Ediciones Cristiandad, 1984, 768 y ss.

manera de un dualismo absoluto como un rival autónomo de Dios, pues él es criatura absolutamente finita, y su maldad está controlada por el poder, la libertad y la bondad del Dios santo.

c) La situación de perdición, presupuesta y superada por la redención, no está constituida por la mera libertad humana. Está también constituida por una libertad anterior y superior al hombre, pero creada y finita. La oposición a Dios que en la situación de perdición se insinúa como algo previo al hombre, es a su vez múltiple, o sea, también el mal está dividido en sí mismo y constituye así la situación del hombre.

d) Los LXX traducen el vocablo hebreo *satán* (contradictor) por *diábolos* (el que separa). Esta palabra penetra después como término prestado en todos los idiomas europeos. Los nombres *Diábolos* y *Satán* son primero términos de sentido muy amplio y distinto; pero después su significación se reduce, y confluye en un único sentido. Esto sucede concretamente por primera vez en la doctrina sobre los demonios del judaísmo tardío. El d. es aquí el príncipe de los ángeles, que con su corte apostató de Dios y fue expulsado del cielo.

e) El *Nuevo Testamento* presupone la doctrina general judía acerca de los demonios y del diablo. En el NT aparecen las siguientes denominaciones nuevas: «el maligno» (Mt 13, 19ss), «el enemigo» (cf. Lc 10, 19), «el príncipe de este mundo» (Jn 12, 31ss), «el dios de este eón» (2 Cor 4, 4), «el asesino desde el principio» y «el padre de la mentira» (Jn 8, 44). La antítesis entre el d. y Cristo es nueva. La hostilidad del d. contra Dios alcanza su culminante punto histórico en la pasión de Jesús (Lc 22, 3.31; Jn 13, 27; 1 Cor 2, 8), pero es allí precisamente donde él sufre su derrota definitiva (1 Cor 2, 8; Jn 12, 31; Ap 12, 7ss); y las expulsiones de demonios por parte de Jesús eran el preludio de la victoriosa venida del reino de Dios en la persona de Cristo. Esta antítesis prosigue en la historia de la Iglesia, hasta que el diablo sea arrojado al infierno (Ap 20, 8.10).

f) *Doctrina de la Iglesia.* La mayor parte de las declaraciones del magisterio sobre el diablo están hechas en conexión con los enunciados doctrinales sobre los demonios y tienen el mismo contenido (creación buena, culpa propia condenación eterna: Dz 427ss, 211, DS 286, 325). Se atribuye al d. un cierto poder sobre el hombre pecador y su muerte (Dz 428, 788, 793, 894); y se afirma su derrota por la redención de Cristo (DS 291; Dz 711s, 894). Sin embargo, la doctrina de la Iglesia rechaza también una excesiva acentuación del influjo tentador del diablo sobre los pecados de los hombres (Dz 383; DS 2192; Dz 1261-1273, 1923). A este respecto se presupone implícitamente que el d. es una especie de jefe de los demonios (posesión diabólica). El Concilio Vaticano II se muestra muy reservado en sus afirmaciones sobre el d., pero no deja de decir algo sobre él. El Hijo de Dios nos ha liberado de la esclavitud del d. (*SC*, 6; Decreto *Ad Gen*, 3 y 9). «El maligno» ciertamente ha seducido al hombre para pecar, pero su poder ha quedado roto por la muerte y la resurrección de Cristo.

g) La *teología especulativa* deberá reflexionar sobre el hecho de que la pluralidad de potestades y virtudes, ya en virtud del sentido recibido en su creación, no puede prescindir de un cierto orden y rango jerárquico en la unidad del mundo (cf. Mc 3, 24); ese orden no queda eliminado por la culpa, pues no puede haber un pecado con poderío absoluto que suprima simplemente la esencia y la unidad. Desde aquí hay que elaborar la idea de un «jefe» de los demonios (Mc 3, 22), llamado d., como representante de todas las potestades y virtudes, sin que sea posible individuar al d. frente a los otros demonios (cf. p.ej., Dz 242-243). Precisamente con relación al d. como cabeza de los demonios debe rechazarse en la piedad cristiana la idea de un rival de Dios en la historia con igual rango al suyo (Anticristo). También el d. es una criatura, que debe necesariamente conservar una esencial bondad creada y realizarla naturalmente para poder ser malo (Dz 237s, 242, 457).

h) No hay ningún fundamento para que en la predicación actual la doctrina sobre el d. se ponga en primer plano dentro de la jerarquía de verdades, como a veces sucedía en tiempos pasados.

i) Cuando sea necesaria una explicación y una apologética de la doctrina de la Iglesia acerca del d. (en la exposición del NT, de textos litúrgicos, etc.), al hombre actual ante todo se le debe llamar la atención sobre el monstruoso poder sobrehumano del mal en la historia.

Visto todo lo anterior, y habiendo aterrizado teológicamente en la actualidad de nuestro estudio, para lo cual hemos tenido que acudir, aun someramente, a la historia de la doctrina sobre Satanás y su redacción, veamos ahora la historia de lo que ha sucedido en la parte práctica, protagonizada en este caso, no por teólogos, sino por exorcistas.

III. Fundamentos históricos del canon 1172

Una vez tratado brevemente el campo doctrinal de la demonología católica, hacemos una parada en aquellos aspectos históricos que nos parezcan más relevantes en relación a la legislación canónica actual y a la correcta utilización de los rituales de exorcismos aún vigentes.

1. El exorcismo en la Iglesia

La Iglesia, en cumplimiento del mandato misionero, anuncia llena de gozo y esperanza «cómo Dios a Jesús de Nazaret lo ungió con el Espíritu Santo con poder, y cómo él pasó haciendo el bien y curando a todos los oprimidos por el diablo, porque Dios estaba con él" (Hch 10, 38); y cómo el mismo Jesús "instituyó Doce, para que estuvieran con él, y para enviarlos a predicar con el poder de expulsar demonios" (Mc 3, 14-15)»[50].

El exorcismo es una forma específica de oración que la Iglesia usa contra el poder del demonio.[51] Es, a su vez, el acto de echar o sacar demonios, o espíritus malignos fuera de las personas, sitios u objetos que son supuestamente poseídos o plagados por ellos, o que son susceptibles de llegar a ser víctimas o instrumentos de su acción maligna[52]; es aquí donde el exorcismo se postula como el acto de usar los medios para el propósito especialmente solemne y autoritario en la represión del demonio, hecho en el nombre de Dios.

La palabra exorcismo[53], que no es en sí bíblica, viene de la palabra griega *exorkizo*[54], que es usada en la traducción griega (Gén 24,3 `provoca a

---

[50] Y paralelos: Mt 10, 1 y Lc 9, 1. También los que crean en él expulsarán demonios en su nombre. (Cf. Mc 16, 17).

[51] Cf. D. SARTORE; M. TRIACCA, Nuevo diccionario de Liturgia [trad. por J. MARÍA CANALS], vol. I, Madrid: Ediciones Paulinas, 1987.

[52] Cf. J.B. CORTÉS, Proceso a las posesiones y exorcismos, Madrid: Ediciones Paulinas, 1978, 57; Existen tres grados de actividad satánica: la tentación, el acoso y la posesión diabólica. Dentro de ésta última, hay dos formas en la que los demonios pueden presentarse: la infestación sobre animales, cosas o lugares y la posesión propiamente dicha, que tiene lugar en las personas. (Cf. F. JOSÉ MARÍA, op.cit., 38).

[53] Cf. H. HAAG, op.cit., 326.

[54] Cf. W. CAPELLE, Historia de la filosofía griega, Madrid: Editorial Gredos, 2009, 34.

jurar´; III (I) Re 12, 16 `ordenar´), y en Mt 26, 63, por el sumo sacerdote contra Cristo, «Yo te ordeno por el Dios vivo...” Dicha palabra, y su sustantivo *exorkistes* (exorcista) aparece en Hch 19, 13, donde es aplicado a unos judíos andantes que profesaban ser capaces de echar demonios[55].

La expulsión imperativa, es decir, por medio de una orden, es por tanto el primer sentido del exorcismo. Solo cuando esta orden es dada en el nombre de Dios o de Cristo, el exorcismo es estrictamente acto o rito religioso. Cabe destacar que en las religiones étnicas, y también entre los judíos en ciertas etapas, hay evidencia de haber sido popular, incluso siendo reemplazado en ocasiones por medios supersticiosos y mágicos[56], a lo cual los escritores no católicos muchas veces en estos tiempos asimilan el exorcismo cristiano. Es necesario diferenciar bien una cosa de la otra, como la religión se diferencia de la magia[57].

«El exorcismo, al igual que las demás bendiciones, pertenece al grupo de los llamados sacramentales”[58]. Los cuales son “signos sagrados creados según el modelo de los sacramentos, por medio de los cuales se expresan efectos, sobre todo de carácter espiritual, obtenidos por la intercesión de la Iglesia. Por ellos, los hombres se disponen a recibir el efecto principal de los sacramentos y se santifican las diversas circunstancias de la vida»[59].

En esta línea seguimos apuntando, a la luz del Catecismo, que los exorcismos se considerarían entre los más importantes sacramentales de la Iglesia:

«Cuando la Iglesia pide públicamente y con autoridad, en nombre de Jesucristo, que una persona o un objeto sea protegido contra las asechanzas del Maligno y sustraída a su dominio, se habla de exorcismo. Jesús lo practicó (cf. Mc 1,25-26; etc.), de Él tiene la Iglesia el poder y el oficio de exorcizar (cf. Mc 3,15; 6,7.13; 16,17). En forma simple, el exorcismo tiene lugar en la celebración del Bautismo. El exorcismo solemne llamado “el gran exorcismo” sólo puede ser practicado por un sacerdote y con el permiso del obispo. En estos casos es preciso proceder con prudencia, observando estrictamente las reglas establecidas por la Iglesia. El exorcismo intenta expulsar a los demonios o liberar del dominio demoníaco gracias a la autoridad espiritual que Jesús ha

---

[55] Cf. Id., 102 y ss.

[56] Cf. W. CAPELLE, op.cit., 98 y ss.

[57] Cf. A. FERNÁNDEZ MERINO, Magia y religión: Diferencia y similitudes, Madrid: Independently published, 2020.

[58] F. JOSÉ MARÍA, op.cit., 108.

[59] SC, 60.

confiado a su Iglesia. Muy distinto es el caso de las enfermedades, sobre todo psíquicas, cuyo cuidado pertenece a la ciencia médica. Por tanto, es importante, asegurarse, antes de celebrar el exorcismo, de que se trata de una presencia del Maligno y no de una enfermedad (cf. CIC can. 1172)»[60].

Aunque el criterio para hacer un exorcismo está cimentado en el ministerio de Jesucristo como vimos anteriormente, no existe un fundamento bíblico para el rito formal del exorcismo, aparte del uso de las citas o fragmentos de los salmos y del Evangelio, que fueron incluidos en el rito de exorcismo a medida que fue evolucionando[61]. Así es que el ministerio del exorcismo continúa en la vida de la Iglesia como parte del cuidado pastoral de las almas.

Varios de los Padres de la Iglesia[62] como Ireneo de Lyon, Tertuliano, Cipriano y Atanasio, nos proporcionan unas percepciones reveladoras en cuanto a las prácticas de exorcismo en su época a través de sus existentes escritos, por medio de los cuales podemos tener indicios de cómo fue evolucionando gradualmente la estructura y forma del exorcismo como rito[63]. Además del uso del nombre de Jesús otros elementos contribuyeron a darle forma a un rito anterior, tales como la señal de la cruz, la exsuflación (soplar sobre el rostro de una persona), los ayunos y oraciones a tal propósito[64].

En los primeros siglos, no sólo el clero sino también los laicos estaban capacitados con el poder de Cristo para liberar a los endemoniados y energúmenos, y su éxito era citado por los apologistas como prueba del origen divino de la religión (cf. Justino, Apol., 6: P.G., VI, 453).

También podemos observar que, según el testimonio de los Padres, ningún tipo de magia o medios supersticiosos fueron utilizados en tales prácticas de liberación, sino que, tanto en los primeros siglos como más adelante, se utilizaba una simple y autoritaria orden dirigida al demonio en el

---

[60] CEC, 1673.

[61] Aquí debemos distinguir entre las distintas prácticas exorcísticas que se han practicado en la historia de la Iglesia, de las prácticas rituales que aparecen tras el concilio de Trento y del primer Ritual aprobado por Pablo V en 1614, del que después hablaremos. (cf. H. HAAG, op.cit., 74; R. LAURENTIN, op.cit., 118 y ss].

[62] Cf. D. RUIZ BUENO, Padres Apologistas Griegos, Madrid: BAC, 1964, 30 y ss; R. TREVIJANO, Patrología, Madrid: BAC, Madrid 1994.

[63] Cf. J. BURTON RUSSELL, Satanás: la primitiva tradición cristiana, México: Fondo de cultura económica, 1986; J. DANIELOU, Sacramentos y culto según los santos padres, Madrid: Ediciones Cristiandad, 1965; J. QUASTEN, Patrología I y II, BAC: Madrid 1968.

[64] «La presencia del demonio en la doctrina de los santos Padres es tal que se podría hacer una tesis doctoral del tema en cada uno de ellos». (J.A. SAYÉS, op.cit., 63).

nombre de Dios y más específicamente en el nombre de Cristo crucificado. Esa era la forma usual de exorcismo[65].

Algunas veces, sumadas a las palabras, se usaba la imposición de manos, acciones simbólicas como el citado soplo o la señal de la cruz. San Justino, quien también era exorcista[66], nos dice que los demonios vuelan con el " toque del soplo de los cristianos" (cf. Justino, loc.cit.); como de una llama que los quemara, añade San Cirilo de Jerusalén (cf. Cirilo, Cat., XX, 3: P.G., XXXIII, 1080). Orígenes menciona la imposición de las manos, y San Ambrosio y otros usaban esta ceremonia en los exorcismos.

Por otra parte, la señal de la cruz invocando el poder de Dios, es señalada por muchos Padres en cuanto a su eficacia contra todo tipo de molestia demoníaca (cf. Atanasio, *De Incarn. Verbi.*, 47: P.G., XXV, 180; Basilio, *In Isai.*, XI, 249: P.G., XXX, 557; Gregorio Nacianceno, *Adv. Iram.*, 415: P.G., XXXVII, 842).

A su vez, los Padres recomendaban encarecidamente que tanto la orden, como las oraciones que la acompañan, fueran tomadas de la Sagrada Escritura como fuente principal (cf. Atanasio, *Ad Marcell.*, 33: P.G., XXVII, 45). Con esto concluimos que el rito presente de exorcismo usado por la Iglesia está en perfecta concordancia con la enseñanza de los Padres y es prueba de la continuidad de la Tradición Católica en esta materia. A su vez, como adelantaba el número 1673 del CIC que citamos con anterioridad, fuera del exorcismo en sentido estricto -echar directamente demonios de los posesos- el ritual católico, siguiendo las tradiciones tempranas, ha retenido variedad de otros exorcismos.

Aquí apuntamos que los exorcismos están divididos en dos clases o formas[67]. Las formas sencillas o menores de exorcismo se encuentran en dos lugares: primeramente para aquellos que se preparan para el Bautismo, el Ritual de la Iniciación cristiana de adultos y el Ritual para el Bautismo de los niños ambos contienen exorcismos; segundamente, el apéndice del Rito de Exorcismo incluye una serie de oraciones que pueden ser usadas por los fieles -conocidos como exorcismos menores-. La segunda clase de exorcismo es la solemne o el "exorcismo mayor", cuyo rito sólo puede hacerlo un obispo o un sacerdote; este último ha de tener un permiso especial y expreso del ordinario local, el cual analizaremos luego con más detenimiento en la parte dedicada a la actual legislación canónica.

---

[65] J.A. SAYES, op.cit., 68.

[66] Cf. R. LAURENTIN, op.cit., 117.

[67] Cf. EL RITO DE EXORCISMO, publicado en enero de 1999 por la Congregación del Culto Divino y la Disciplina de los Sacramentos (Prot. N. 1280 / 98 / L).

Los exorcismos menores son oraciones que se usan para acabar con la influencia del mal y del pecado en la vida de una persona, ya sea un catecúmeno que se prepara para el Bautismo o un miembro de la comunidad de creyentes que lucha por vencer la influencia del mal y del pecado en su vida.

Aunque ambas formas de exorcismo, menor y mayor, están dirigidas contra el poder del demonio, el rito de exorcismo mayor se emplea solamente cuando existe un caso genuino de posesión demoníaca, a saber, cuando se ha determinado la presencia del demonio en el cuerpo de la persona poseída y que el demonio es capaz de ejercer dominio sobre ese cuerpo, con los requisitos necesarios de discernimiento de tal posesión que garanticen su certeza[68].

Encontramos una clasificación más detallada de los distintos tipos de exorcismos en el comentario al Código de 1917 que hace la Biblioteca de Autores Cristianos en su edición de 2009:

«[Los exorcimos] pueden ser: a) *públicos*, cuando se hacen por un ministro de la Iglesia en nombre de ella; b) *privados* (que no son sacramentales), los que se hacen por una persona que no obra en nombre de la Iglesia; c) *solemnes*, los que se refieren a la posesión diabólica específica, de que tratamos, y se describen en el Ritual Romano[69], título XI, capítulos 1 y 2; *simples*, los que se hallan contenidos en el mismo título del Ritual, capítulo 3, y tienen por objeto conjurar al demonio para que no cause daño a los hombres. El canon que comentamos [1151] se refiere a los exorcismos públicos y solemnes»[70].

Exorcismo bautismal

---

[68] Cf. F. JOSÉ MARÍA, op. cit, 79.

[69] Nótese que se refiere al *Rituale Romanum* de Pablo V.

[70] L. MIGUÉLEZ; S. ALONSO; M. CABRERO, Código de Derecho Canónico (1917) y legislación complementaria, Madrid: BAC, 2009, 447.

El exorcismo bautismal es una forma simple de exorcismo que tiene lugar durante la celebración del Bautismo. A diferencia del exorcismo solemne, que solo puede ser practicado por un sacerdote con el permiso del obispo y se lleva a cabo en casos más graves de posesión demoníaca, este puede ser realizado por cualquier ministro ordenado durante el rito de celebración bautismal.

Desde el comienzo de la Iglesia, se ha introducido la práctica de hacer un exorcismo a los catecúmenos como preparación al Sacramento de Bautismo[71].

«La finalidad concreta del rito del exorcismo es librar progresivamente al alma de la tiranía que el demonio ejercía sobre ella. Escribe Cirilo en este sentido: <<Recibe con celo los exorcismos, tanto si se trata de insuflaciones como de imprecaciones. Son para ti cosa saludable. No olvides que tú eres como oro adulterado y falsificado. Nosotros procuramos purificar ese oro. Y lo mismo que sin fuego el oro no puede ser purificado de su escoria, el alma no puede ser purificada sin los exorcismos, que son palabras divinas tomadas de las Sagradas Escrituras. Los fundidores de oro, soplando sobre el fuego, hacen aparecer el oro escondido en la ganga; de igual modo, los exorcismos, ahuyentando el temor por medio del Espíritu y haciendo hervir el alma en el cuerpo como en su ganga, arrojan al demonio enemigo, dejando sólo la esperanza en la vida eterna>> (Procath, 9: PG 33, 349ª-B)»[72].

Esto no significaba que los catecúmenos fueran considerados como obsesos o endemoniados, sino que sólo podían estar sujetos al poder del Maligno por la presencia del pecado original y de los pecados personales en los adultos, siendo invitados a renunciar y del cual iban a ser liberados por la gracia del Bautismo. El exorcismo en este caso es una anticipación simbólica de uno de los efectos principales del sacramento de la regeneración; y además, como era usado en el caso de los niños que no tenían pecados personales, San Agustín podía apelar a él contra los Pelagianos como argumento acerca de la doctrina del pecado original. (*Ep.* CXCIV, 46: P.L., XXXIII, 890)

Nuevamente San Cirilo de Jerusalén (*Procath.*, 14, PG 33: col.355) va a ser quien nos dé una descripción detallada del rito de exorcismo bautismal. «En la liturgia antigua, la batalla contra el dominio de Satanás, que se establece en el rito del bautismo, comienza ya con el catecumenado y mediante el mismo rito de la *exsufflatio* (soplo) »[73]. De nuevo aparecen en

---

[71] R. LAURENTIN, op.cit., 121 y ss.

[72] J.A. SAYÉS, op.cit., 102.

[73] J.A. SAYÉS, op.cit., 99.

estos ritos la *Exsufflatio*, o expiración del demonio por parte del catecúmeno, que fue alguna vez parte de la ceremonia, y el cual era un símbolo de la renuncia a las maniobras del demonio como vimos anteriormente[74].

Por otra parte, la *Insufflatio*, o expiración del Espíritu Santo por los ministros y los asistentes sobre el candidato, simbolizaba la infusión de la gracia santificante del sacramento[75]. La mayoría de estas antiguas ceremonias han sido guardadas por la Iglesia hasta nuestro tiempo en su rito del bautismo solemne.

En la actualidad encontramos dicho rito de exorcismo incluido en el rito bautismal, mucho más sencillo y junto a la recepción de la unción de catecúmenos, justo antes de la recepción del bautismo por parte del candidato. Cabe recordar que el ministro de un exorcismo menor es el ministro autorizado del sacramento (RICA o el Bautismo de Niños), es decir, el clérigo.

Otros exorcismos

Las principales cosas que son formalmente exorcizadas con una bendición son el agua, la sal, el aceite que son luego usadas en el exorcismo de personas y en bendiciones o consagración de lugares (iglesias) y objetos (altares, ajuar litúrgico, campanas) y que son en uso en la liturgia pública o la devoción privada[76]. El agua bendita es el sacramental que los fieles tienen más al alcance; en la oración de bendición, se le pide a Dios que colme con poder sobrenatural de protección los que usarán con fe estos objetos contra las asechanzas del demonio. Este tipo de exorcismo indirecto por medio de objetos exorcizados es una extensión de la idea original; pero no introduce nada nuevo y ha sido usado en la Iglesia desde los tiempos los más remotos.

2. El *Rituale Romanum:* de 1614 a 1952

Los ritos del exorcismo se remontan a las normas aprobadas por el Papa Paulo V en 1614. Este conocido como *Rituale Romanum* de exorcismos

---

[74] Cf. *Ibid.*

[75] Cf. J.A. SAYÉS, op.cit., 102.

[76] Cf. CONFERENCIA EPISCOPAL ESPAÑOLA, Bendicional, Madrid: BAC, 2020.

fue establecido después del Concilio de Trento partiendo, naturalmente, de formularios precedentes[77]:

> «El *Rituale Romanum* se apoya en cuatro libros rituales del siglo XVI: el *Castellani Liber Sacerdotalis* (1523), el *Sacerdotale Romanum* (1554ss), el *Rituale* del Cardenal Julio Antonio Sanctorio (1575ss) y el *Ordo Baptizandi* (1575). En esta época se distinguían tres formas de exorcismos: el bautismal, el Pequeño exorcismo para obsesos, es decir, para los amenazados por los demonios y para los objetos litúrgicos, y el Gran Exorcismo, destinado propiamente a la expulsión de los demonios de los endemoniados. [...] El *Rituale Romanum* sigue siendo todavía hoy la autoridad máxima y definitiva en cuestiones de posesión diabólica».[78]

Siglos más tarde, con leves modificaciones y añadidos, tuvo una reedición autorizada por Pío XI (1925). Y en el pontificado de Pío XII (1952), fue objeto de una nueva edición[79].

Dicho Ritual, que como decimos estuvo vigente hasta hace relativamente poco, en su última edición de 1952, comenzaba con una introducción en la que ofrecía en 21 puntos una serie de normas prácticas y detalladas para la celebración del exorcismo[80].

El primero de dichos puntos tiene total relación con el canon 1172 que estamos analizando, pues dice que «el sacerdote encargado, por autorización especial y expresa de su ordinario, de exorcizar a las personas atormentadas por el demonio debe tener la piedad, la prudencia y la integridad que requiere su función»[81].

Vista dicha estrecha relación entre ambos textos, citamos algunos otros de estos puntos introductorios, también traducidos al castellano, para situarnos mejor en el contexto del exorcista, del supuesto poseso y del *modus operandi* de los demonios:

---

[77] Cf. A. DOÑORO, *Fuentes y teología del Ritual de 1952*, Toledo: Instituto Teológico San Ildefonso, 2016.

[78] H. HAAG, *op.cit.*, 330-332. Debemos tener en cuenta que cuando Haag escribía su libro aún no había sido aprobado el Nuevo Ritual de Exorcismos de 1999, de ahí su última frase de la cita que alude a la autoridad del *Rituale Romanum*.

[79] *RITUALE ROMANUM*. Editio typica 1952, Librería Editrice vaticana 2008, 970 p.

[80] Cf. Id., *Pauli V Pontificis maximi iussu editum aliorum que pontificum cura recognitum atque ad normam codicis iuris canonici accommodatum, Sanctissimi D.N. Pii Papae XII auctoritate ordinatum et auctum, editio iuxta typicam, Romae 1952, Titulas XII, caput I, De exorcizandis obsessis a daemonio*, n. 1-21.

[81] *RITUALE ROMANUM*, n. 1.

«5- Esfuércese el exorcista en discernir los artificios y las mentiras que utilizan los demonios para engañarle. Tienen, en efecto, la costumbre de responder falsamente y de revelarse difícilmente, para que el exorcista, cansado, renuncie a continuar el exorcismo, pretendiendo persuadirle de que se trata solamente de un enfermo que no está atormentado por el diablo.

6- A veces, después de haber sido descubierto, se oculta y deja de atormentar el cuerpo, para hacer creer al enfermo que está liberado; pero el exorcista no debe abandonar su tarea antes de ver las señales de la liberación.

7- A veces, también, los demonios impiden, por todos los medios posibles, que el enfermo se someta a los exorcismos, o intenta persuadirle de que se trata de una enfermedad natural. A veces hacen que el enfermo se duerma durante el exorcismo, y le muestran una visión, disfrazándose, para que el enfermo tenga la impresión de que ha sido librado»[82].

En cuanto a la estructura del ritual, resumimos el contenido de los capítulos centrales:

-*Capítulo 1, De exorcizandis obsessis a dæmonio*. Las 21 observaciones y normas previas que apuntábamos y que intentan dar al exorcista unas orientaciones muy prácticas, llenas de sabiduría y prudencia, que vienen a concentrar en un texto muy breve la experiencia secular de la Iglesia en el ministerio del exorcismo.

-*Capítulo 2*, da los textos usados por el exorcista. –Se incia el exorcismo por las Letanías y el Padrenuestro: «*libera nos a malo*». –Salmo 53. –Oración. –Mandato al diablo de decir su nombre. –Prólogo del Evangelio de San Juan, con otros varios Evangelios, y oración. –Exorcismo imperativo, fuerte y solemne, en varias oraciones. –Credo: el Símbolo Atanasiano. –Una docena de Salmos optativos. –Oración «*post liberationem*».

-*Capítulo 3*, ofrece un exorcismo que sólo el Obispo puede administrar.

En un análisis profundo apreciamos cómo las fórmulas de los exorcismos tienen una gran profundidad doctrinal, claridad y concisión, característica de los textos de la Liturgia romana, y han tenido, sobre todo algunas, muchos siglos de práctica en la Iglesia. Dichas fórmulas constan de un conjunto de ritos, oraciones y gestos (como la imposición de manos sobre la cabeza del poseído) introducidos por la fórmula *te exorciso*, que el exorcista debe recitar repetidamente para expulsar al diablo. Estas normas en

---

[82] Id., nn. 5 al 7.

la actualidad han permanecido fieles a las antiguas fórmulas aprobadas por el Papa Paulo V.

IV. Fundamentos canónicos del canon 1172

Este último apartado significa la conclusión y la parte central de nuestro trabajo, donde una vez vista la aportación doctrinal e histórica de nuestro tema, analizamos la legislación actual a la luz del código de Derecho canónico precedente. También dedicaremos la última parte a analizar el ritual de exorcismo vigente, así como citaremos algún ejemplo práctico que nos ayude a aterrizar toda la temática abordada a lo largo de nuestra investigación.

1. Código de 1917

El Código de Derecho Canónico de 1917, cuyo título latino es *Codex Iuris Canonici* -también conocido como el Código Pio-Benedictino por los papas que tuvieron relación con la elaboración del mismo-, fue la primera codificación oficial completa del derecho canónico latino[83].

«Con ocasión de la convocatoria del Concilio Vaticano I (1870), obispos de todo el mundo pidieron la reordenación del Derecho canónico según el sistema adoptado por la mayoría de los países occidentales. Un Código de Derecho canónico, se decía, solucionaría la situación caótica en la que se encontraba la legislación de la Iglesia, causa de incertidumbre e inseguridad: existían innumerables normas, dispersas en múltiples series y colecciones, muchas de ellas anticuadas desde el punto de vista formal, de interpretación y vigencia inciertas, algunas inútiles por el cambio de circunstancias que motivaron su promulgación, sin que tampoco faltaran las lagunas (A. Stickler) »[84].

En este periodo, y ante la complejidad del sistema normativo canónico precedente, a comienzos del siglo XX se comenzó a pensar en la posibilidad de codificarlo. Aunque la idea ya se había expuesto durante la celebración del Concilio Vaticano I, no tomará un impulso definitivo hasta que San Pío X, en 1904, dicta de motu propio el *Arduum Sane Inunus*[85], donde se establece la comisión encargada de realizar los trabajos preparatorios.

---

[83] Cf. J. M. LABOA, Historia de la Iglesia. IV: Época contemporánea, Madrid: BAC, 2002, 291.

[84] PROFESORES DE LA UNIVERSIDAD DE SALAMANCA, Derecho Canónico I, Madrid: B.A.C., 2006, 32.

[85] ASS, (1903-1904), 36, 549-551.

El Código sería promulgado por Benedicto XV mediante la bula *Providentissima Mater* del 27 de junio de 1917, entrando en vigor el 19 de mayo de 1918[86]. Este Código de 1917 no ha de interpretarse como una legislación nueva, sino como una codificación del Derecho anterior. Sin embargo, esto no impide que se introdujeran innovaciones legislativas destinadas fundamentalmente, a corregir la discordancia que existía entre algunas normas anteriores y adaptar las normas a las necesidades del momento. Las normas anteriores a la promulgación del Código que fueran contrarias a él se consideraban abrogadas. El resto del Derecho antiguo sirvió para interpretar las normas contenidas en el Código. Este Código de 1917 estuvo vigente hasta 1983.

Referente a nuestro estudio indicamos que, antes de la entrada en vigor del Motu proprio *Ministeria quaedam* de Pablo VI de 1972, momento desde el cual quedarían abrogadas muchas de las órdenes menores para la Iglesia universal, existía el ministerio ordenado de exorcista:

> *«In canonibus qui sequuntur, nomine ordinum maiorum vel sacrorum intelliguntur presbyteratus, diaconatus, subdiaconatus; minorum vero acolythatus, exorcistatus, lectoratus, ostiariatus»*[87].

Asimismo, citamos los otros tres cánones -traducidos al castellano- de este código que están estrechamente relacionados, y que por ello servirán de fuente directa, para la ulterior elaboración del canon 1172 del Código vigente. Nos referimos a los cánones 1151, 1152 y 1153:

«1151. § 1. Nadie que tenga potestad de hacer exorcismos[88]puede hacerlos legítimamente sobre los posesos si no ha obtenido para cada caso licencia especial y expresa del Ordinario.

§ 2. Esta licencia solamente debe concederla el Ordinario al sacerdote que sea piadoso, prudente y de vida irreprensible; y el sacerdote no debe proceder a hacer los exorcismos sin antes haberse cerciorado, por medio de una investigación cuidadosa y prudente, de que se trata realmente de un caso de posesión diabólica.

1152. Los ministros legítimos de los exorcismos pueden hacerlos no sólo sobre los fieles y catecúmenos, sino también sobre los acatólicos y excomulgados.

---

[86] Cf. PROFESORES DE LA UNIVERSIDAD DE SALAMANCA, op.cit., 227.

[87] CIC 17, 949

[88] Entendemos los clérigos que han recibido las órdenes menores de exorcistas.

1153.   Son ministros de los exorcismos que se practican en el bautismo y
en algunas consagraciones y bendiciones los mismos que son
ministros legítimos de estos ritos sagrados»[89].

A la luz del primer canon citado (1151) vemos que, aunque todo
diácono o sacerdote ya hubiese sido instituido como exorcista en la recepción
de las órdenes menores, sin embargo, no podía actuar legítimamente como tal
sin una licencia "especial, expresa y para cada caso"[90]. El parágrafo 2 habla
de las aptitudes necesarias del posible exorcista así como de la necesidad de
cerciorarse antes de ejercer dicho ministerio de que existe un caso como tal de
posesión[91].

El siguiente canon, el 1152, aclara la posible duda de si toda persona
podría ser candidata a ser expuesta a una sesión de exorcismo público y
solemne, siendo esta respuesta afirmativa.

El último de los cánones de este código del 17 que tocan la cuestión del
exorcismo (1153), refleja muy bien la situación eclesiológica preconciliar,
marcada por un mayor clericalismo, en donde no había debate en las posibles
competencias de los laicos en materia litúrgica. Serían el Vaticano II, y el
surgimiento de los ministerios laicales, las que reabrirá el debate en este
asunto como veremos a continuación en la nueva legislación, cuyo reflejo se
hará patente en la elaboración del Ritual de exorcismos vigente.

Indicamos aquí que, aunque con MQ desapareció el exorcismo de entre
los ministerios comunes[92], sin embargo, Pablo VI dio la posibilidad a las
Conferencias Episcopales de pedir «a las Sede Apostólica la institución de
otros [ministerios] que, por razones particulares crean necesarios o muy útiles

---

[89] L. MIGUÉLEZ; S. ALONSO; M. CABRERO, Código de Derecho Canónico (1917) y
legislación complementaria, Madrid: BAC, 2009, 447.

[90] Cf. CIC 17, 1151.1.

[91] Entendemos que dichos medios para comprobar dicha posible posesión se refieren a
los que reflejan el Ritual Romano de Pablo V (hablar lenguas extrañas, fuerza
sobrehumana, blasfemias,..descritas entre las 21 normas prácticas de la introducción del
Rituale que citamos anteriormente), a diferencia de los añadidos peritajes psiquiátricos que
también incluiría como recomendación el magisterio actual, como ya vimos en la
introducción de nuestro trabajo. A diferencia del código de 1917, la ciencia médica tiene
más peso en la nueva codificación y en su interpretación, como se apreciar de forma
particular en aquellos cánones dedicados al impedimento matrimonial por cuestiones
psicológicas (cf. CIC, 1095).

[92] Cf. R. LAURENTIN, op.cit.,124.

en la propia región. Entre éstos están, por ejemplo, el oficio de ostiario, de exorcista y de catequista»[93].

La norma de MQ habrá que conciliarla con el posterior c. 1172, que estamos analizando. Lo cual significa que el exorcista instituido como ministerio, a no ser que la Sede Apostólica en la aprobación de su institución para una determinada Conferencia Episcopal dispense de la norma del CIC, no podrá administrar exorcismos públicos y solemnes a posesos si no cumple las condiciones que en el canon se preceptúan, entre las cuales está la de ser clérigo.

De todo lo anterior podría concluirse que en la disciplina del CIC actual acerca del exorcista, es decir, el ministro sacramental del exorcismo sólo para los casos de posesión u obsesión, no se dan las características propias para que sea tenido como un ministerio de naturaleza semejante a los regulados por la MQ, ha habido un cambio en su comprensión y así también en su desarrollo pastoral.

2. Código de 1983

A la vez que Juan XXIII convocaba el Concilio Vaticano II, anunciaba la reforma del Código de Derecho Canónico. En marzo de 1963 se constituiría la Comisión que había de encargarse de esa reforma. Sin embargo, apenas comenzadas las sesiones conciliares, la Comisión se dio cuenta de que el trabajo no rendiría el suficiente fruto hasta que no se clausurara el concilio y de que no bastaba con una reforma del Código, sino que había que redactar uno nuevo. De este modo, no comenzó a trabajar hasta noviembre de 1965, pocos días después de la finalización del Concilio[94].

Sobre el contenido de los trabajos conciliares, en 1967 el sínodo de Obispos[95] aprobó los diez Principios directivos que habían de inspirar la

---

[93] Cf. MQ, Prólogo.

[94] Cf. PROFESORES DE LA UNIVERSIDAD DE SALAMANCA, op.cit., 48 y ss.

[95] El Sínodo de los Obispos fue instituido por Pablo VI con el Motu proprio *Apostolica sollicitudo* el 15 de septiembre de 1965. Pablo VI dio la definición de Sínodo de los Obispos en el Ángelus del domingo 22 de septiembre de 1974: «Es una institución eclesiástica que nosotros, interrogando los signos de los tiempos y, aún más, acercándonos a la interpretación profunda de los designios divinos y de la constitución de la Iglesia Católica, hemos establecido después del Concilio Vaticano II, para favorecer la unión y la colaboración de los Obispos de todo el mundo con la Santa Sede, a través de un estudio

redacción del nuevo Código. Sobre ellos trabajaron varias comisiones hasta que en 1983, Juan Pablo II, lo promulga mediante la constitución apostólica *Sacrae Disciplina Leges*.

«El Código [de 1983] es un instrumento que se ajusta perfectamente a la naturaleza de la Iglesia, sobre todo tal como la propone el magisterio del Concilio Vaticano II, visto en su conjunto, y de modo especial su doctrina eclesiológica. Es más, en cierto modo, este nuevo Código puede considerarse como un gran esfuerzo por traducir a lenguaje canónico esa misma doctrina, es decir, la eclesiología del Concilio»[96].

Seguimos diciendo, en lo referente a nuestro análisis, que el vigente Código de Derecho Canónico, aprobado por San Juan Pablo II el 25 de enero de 1983, más que exponer una doctrina sobre el exorcismo -porque no lo define-, lo acepta y presenta como un medio salvífico con rito propio de la Iglesia católica, dice así:

«1172. §1. Sin licencia peculiar y expresa del ordinario del lugar (obispo), nadie puede realizar legítimamente exorcismos sobre los posesos.

§ 2. El ordinario del lugar concederá esta licencia solamente a un presbítero piadoso, docto, prudente y con integridad de vida».

Del contenido del canon extraemos varios elementos muy claros. En primer lugar, debemos hacer una parada en el concepto de Ordinario. La organización eclesiástica utiliza dicho concepto con frecuencia para atribuir determinadas funciones. Muchas normas jurídicas se refieren al Ordinario. Veamos a continuación el canon que trata el tema:

«134 § 1. Por el nombre de Ordinario se entienden en derecho, además del Romano Pontífice, los Obispos diocesanos y todos aquellos que, aun interinamente, han sido nombrados para regir una Iglesia particular o una comunidad a ella equiparada según el c. 368, y también quienes en ellas tienen potestad ejecutiva ordinaria, es decir, los Vicarios generales y episcopales; así también, respecto a sus miembros, los Superiores mayores de institutos religiosos clericales de derecho pontificio y de sociedades clericales de vida apostólica de derecho pontificio, que tienen, al menos, potestad ejecutiva ordinaria.

común de las condiciones de la Iglesia y la búsqueda de soluciones correspondientes a las cuestiones relacionadas a su misión. No es un Concilio, no es un Parlamento, sino un Sínodo de naturaleza especial».

[96] SAN JUAN PABLO II, Constitución Apostólica *Sacrae Disciplina Leges* (25-1-1983).

§ 2. Por el nombre de ordinario del lugar se entienden todos los que se enumeran en el § 1, excepto los Superiores de institutos religiosos y de sociedades de vida apostólica.

§ 3. Cuanto se atribuye nominalmente en los cánones al Obispo diocesano en el ámbito de la potestad ejecutiva, se entiende que compete solamente al Obispo diocesano y a aquellos que se le equiparan según el c. 381 § 2, excluidos el Vicario general y episcopal, a no ser que tengan mandato especial.»

Como podemos ver son ordinarios del lugar, además del Romano Pontífice en toda la Iglesia, los ordinarios de circunscripciones eclesiásticas, territoriales y personales, en el ámbito de su jurisdicción, y quienes en esas circunscripciones tienen potestad ejecutiva ordinaria, es decir, los vicarios generales, y los vicarios episcopales en las materias que se les encarguen. Cuanto se atribuye en el Código nominalmente al obispo diocesano en el ámbito de su potestad ejecutiva, compete sólo a él y a quienes se le equiparan, pero no a los vicarios general y episcopal, aunque sean ordinarios del lugar[97].

Con todo, deducimos que los únicos que pueden hacer exorcismos sin necesidad de consultarlo con una instancia superior son los obispos que tengan el oficio de ordinarios, no otro tipo, ni siquiera obispos eméritos.

Es por ello, como vemos, que ningún sacerdote puede ser considerado ordinario a tales efectos. Para poder realizar legítimamente un exorcismo solemne y público, al igual que pasaba en el Código del 17, deben tener la licencia del ordinario del lugar, a la luz del Derecho.

Sobre dicha licencia, el mismo canon la define como "peculiar, expresa, legítima." Y en este caso, si recurrimos al canon 17 que trata sobre la interpretación de la ley canónica, nos debemos atener al sentido literal de estas tres palabras. Entendemos como peculiar, el concepto jurídico de "valor único y absoluto" para lo que es y no para otra cosa. Expresa en el mismo sentido jurídico, aspecto claro, manifestado pública, voluntaria, plena y potestariamente, por el que tiene la autoridad, que da la licencia que, en este caso, aunque el texto no lo diga que sea escrito, sin embargo, por la delicadeza del asunto, se entiende que es escrito. Por ello, los 'ordinarios' nombran con decreto al exorcista diocesano. Acción legítima que está amparada por la Ley eclesiástica como derecho o potestad que tiene el ordinario por parte del legislador supremo, el Sumo Pontífice que aprobó para iglesia universal el CIC.

---

[97] Cf. CIC c. 134, 331, 381, 295.

Visto esto, analizamos ahora las características que debe reunir el posible exorcista[98]. Como leímos, según el canon 1172 §2 el exorcista debe ser un Obispo o un sacerdote "piadoso, docto, prudente y con integridad de vida", enumerando prácticamente las mismas virtudes que requería el canon 1151 §2 del código pío-benedictino. Asimismo, subraya expresamente que debe ser un presbítero. Aunque esta parte del canon, por su redacción, pudiese ser ambigua -¿lo podrá hacer también un laico?-, ya que dice un presbítero, por el contexto y la tradición histórica se entiende que solo los presbíteros pueden realizarlo.

Esta ambigüedad se resuelve recurriendo al proceso histórico del perfeccionamiento del ministerio y poder sacerdotales. Como advertimos en el punto anterior dedicado al CIC del 17, antes de la reforma del Concilio Vaticano II, existían las Órdenes Menores, que eran exclusivas de los clérigos. Una de ellas era el exorcistado, sin ser abolida, fue asumida en el ministerio presbiteral.

Sin embargo, cuando el canon dice un presbítero, va acompañado de los adjetivos "piadoso, docto, prudente y con integridad de vida", para garantizar la eficacia del exorcismo: «¿por qué no pudimos echar ese demonio? porque esa clase de demonios solo se expulsa con ayuno y oración…» (Mt 17,21). Por tanto, en esencia y potestad, todos los Presbíteros comúnmente llamados sacerdotes, tienen el poder y la potestad ministerial de ser exorcistas, pero, para la eficacia del exorcismo, no todo sacerdote es piadoso, docto, prudente y con integridad de vida, por eso se debe escoger uno que posea estas virtudes.

Seguimos viendo que el canon dice que se debe realizar el exorcismo sobre el poseso. Un poseso es la persona que ha sido tocada, invadida por un demonio. No toda persona que tenga problemas de tipo "anormal", visiones, episodios febriles, se pueden catalogar como poseídas por el demonio.

El mismo canon da la clave cuando señala que el exorcista debe ser docto. El exorcista en su proceso y estudio de un caso debe tener la ciencia sagrada suficiente, los fundamentos de las ciencias humanas, psicología, psiquiatría, neurología, psico-neurología, o dejarse apoyar por especialistas en estas materias, a fin de que se descubra con extremo rigor científico que lo que existe en esa persona, no son crisis nerviosas, episodios neuro-

---

[98] Cf. ASOCIACIÓN INTERNACIONAL DE EXORCISTAS, Directrices para el Ministerio de Exorcismo, Amazon, 2020; J.A. SAYÉS, op.cit., 142.

psicológicos, sino algo supra-natural que desde la fe se vea como una intervención demoniaca[99].

No se puede definir jamás a una persona como posesa sin este estudio previo; de lo contrario estaríamos haciéndole más daño que bien a la persona.

En el punto sobre el exorcista, nos preguntábamos si un laico puede realizar exorcismos. A este aspecto, para la Iglesia Católica, es muy claro que por potestad dada por el ordinario del lugar y por la ley suprema de la Iglesia, ningún laico puede en nombre de la iglesia, ejercer legítima y legalmente la potestad de exorcista, como ya veíamos en la carta de la Congregación para la Doctrina de la Fe en nuestra introducción.

No obstante, la pregunta es oportuna, pues ya hemos visto que el exorcismo es un sacramental, y el canon 1168 habla de ciertos sacramentales que en casos concretos sí que pueden ser administrados por laicos:

> «Es ministro de los sacramentales el clérigo provisto de la debida potestad; pero, según lo establecido en los libros litúrgicos y a juicio del Ordinario, algunos sacramentales pueden ser administrados también por laicos que posean las debidas cualidades».

En los rituales aprobados por la Iglesia, los sacramentales que pueden realizar los laicos son taxativamente: las exequias cristianas, invocar la gracia de Dios especialmente en las celebraciones de la Palabra, en la asistencia a los enfermos. En ningún ritual aparece que el exorcismo sea materia de delegación para un laico.

Por otra parte, apuntamos que como los ritos de exorcismo están categorizados como sacramentales, en forma de bendiciones, la práctica en cuanto a quién puede recibir un "exorcismo mayor" queda gobernada por el canon 1170 del Código de Derecho Canónico. Las siguientes personas pueden recibir estas bendiciones especializadas si fuese determinado que son necesarias: 1) los católicos; 2) los catecúmenos; 3) los no católicos que lo soliciten; y 4) los creyentes no cristianos siempre y cuando tengan la disposición apropiada, o sea, que tengan el deseo sincero de ser liberados de la influencia demoníaca. En aquellos casos que se trate de una persona no católica se debe llevar el asunto a la atención del obispo diocesano.

Entre las indicaciones de la *Prenotanda* del Ritual, se habla del lugar propicio para llevar a cabo el rito de exorcismo, recordando que lo ideal sería celebrarlo en un oratorio u otro lugar apropiado, lo más discreto posible. A su vez, por el cariz espiritual de la celebración, supone una ventaja para el

---

[99] Cf. DESQ, 16.

exorcista utilizar un lugar que se ha dedicado a honrar a Dios, siempre mejor que el propio hogar de la persona afligida[100].

Con todo, y antes las leyes actuales de protección de datos, es moralmente deseable y legalmente exigible, preservar la confidencialidad por la integridad de la reputación de la persona afligida, así como por la de las personas que pudieran estar presentes. También es muy recomendable, por lo que apuntábamos en la introducción, que la identidad del exorcista se mantenga en secreto, o al menos conocida solamente, por parte de los otros sacerdotes de la diócesis.

Habiendo visto los contenidos del canon, veamos ahora el proceso de redacción del canon 1172 en relación a los cánones del CIC 17[101], así como algún documento poscodicial, para comprender luego mejor las afirmaciones contenidas en el nuevo Ritual.

> «Las raíces de la preparación del Código, se encuentran en el Concilio Vaticano II. Su enseñanza sobre la Iglesia como «Pueblo de Dios», sobre la igualdad fundamental de los fieles, sobre sus derechos y deberes y sobre la autoridad jerárquica como servicio impulsó y guió los trabajos de la reforma. [...] Para llevar a cabo la reforma fue creada la Pontificia *Commissio CodiciIuris Canonici Recognoscendo* (a partir de aquí nombrada como PCCICR). Entre otros documentos, esta Comisión preparó los principios que, junto con los documentos conciliares, sirvieron a los *Coetus* encargados de las diversas materias como pautas para su trabajo».[102]

a) *Primer esquema*

Lo primero que debemos advertir es que la primera propuesta de redacción del Código de 1983 es idéntica al antiguo canon 1151 del Código Pío-Benedictino, eliminándose solamente la última parte del §2.

---

[100] Cf. DESQ, Prenotanda, 33.

[101] Cf. J. D. GANDÍA BARBER, La licencia para realizar exorcismos, Valencia: Univ. Catól. De Valencia, 2013, 14 y ss.

[102] T. BIALOBRZESKI, Las normas de procedimiento administrativo en los proyectos de la «*lex de procedura administrativa*» (1963-1983), Navarra: Eunsa, 2008, 387.

Asimismo, en esa primera propuesta se eliminan los cánones 1152 (sujeto sobre los que se puede realizar los exorcismos)[103] y 1153[104] (ministros de los exorcismos bautismales)[105].

<table>
<tr><th align="center">can. 1151 CIC 17</th><th align="center">can. 368 (CIC 1151) 22</th></tr>
<tr><td>

§1. Nemo, potestate exorcizandi praeditus, exorcismos in obsessos proferre legitime potest, nisi ab Ordinario peculiarem et expressam licentiam obtinuerit.

§2. Haec licentia ab Ordinario concedatur tatummodo sacerdoti pietate, prudentia ac vitae integritate praedito; **qui ad exorcismos neprocedat, nisi postquam diligenti prudentique investigatione compererit exorcizandum ese revera a daemone obsessum.**

</td><td>

§1. Nemo, potestate exorcizandi praeditus, exorcismos in obsessos proferre legitime potest, nisi ab Ordinario peculiarem et expressam licentiam obtinuerit.

§2. Haeclicentia ab Ordinario concedatur tatummodo sacerdote pietate, prudentia ac vitae integritate praedito.

</td></tr>
</table>

Cabe destacar que encontramos, en el número 16 del actual Ritual de Exorcismos, la segunda parte del canon eliminada expresada de forma casi idéntica: «*Exorcista igitur ad exorcismum celebrandum ne procedat nisi compererit morali certitudine fretus, exorcizandum ese revera a daemone obessum et eo, si fieri potest, consentiente*»[106].

---

[103] CIC 17, 1152: «*Exorcismi a legitimis ministris fieri possunt non solum in fideles et catechumenos, sed etiam in acatholicos vel excommunicatos*».

[104] CIC 17 c. 1153: «*Ministri exorcismorum qui occurrunt in baptismo et in consecrationibus vel benedictionibus, sunt iidem qui eorundem sacrorum rituum legitimi ministri sunt*».

[105] Respecto a este canon del antiguo código, las observaciones a la propuesta dicen que parece oportuno añadir un canon que retome el canon del ministro de los exorcismos en el bautismo, porque se trata de otro tipo de exorcismos. Cf. PCCICR, «*Acta Commissionis. Opera consultorum in recognoscendis Schematibus canonum: coetus "de Sacramentis"*», in Communicationes 13 (1981), 443.

[106] Cf. DESQ, 16.

La discusión de la comisión que aparece en las actas recoge algunas observaciones a la propuesta. La primera de ellas se va a centrar en la fundamentación teológica de la norma sobre los exorcismos, introduciendo la invocación al Espíritu Santo junto a la imprecación al diablo. La segunda propone eliminar la frase *"potestae exorcizandi praeditus"* (dotado de la potestad de exorcizar), para evitar cualquier reminescencia con el ya derogado orden de los exorcistas que analizamos con anterioridad, tras Motu Proprio *Ministeria quaedam*. Por otra parte, se va a mantener al Ordinario como sujeto que concede la licencia al sacerdote que debe realizar los exorcismos, como en el canon 1151, sin una observación que añadir acerca de este tema.

b) *El esquema de 1980*

can. 368 (CIC 1151)	Schema 1980[107]
*§1. Nemo, **potestate exorcizandi praeditus**, exorcismos in obsessosproferre legitime potest, nisi ab Ordinario peculiarem et expressam licentiam obtinuerit.*	*§1. Nemo exorcismos in obsessos proferre legitime potest, nisi ab **Ordinario loci** peculiarem et expressam licentiam obtinuerint.*
§2. Haec licentia ab Ordinario concedatur tatummodo sacerdote pietate, prudentia ac vitae integritate praedito.	*§2. Haec licentia ab **Ordinario loci** concedatur tantummodo sacerdote pietate, scientia, prudentia ac vitae integritate praedicto.*

Uno de los primeros cambios que podemos observar en este nuevo esquema es la eliminación de la frase *potestae exorcizandi praeditus*, tal como señalábamos de la sesión anterior, haciendo de este modo que desaparezca la referencia a la potestad del derogado orden menor de los exorcistas. Otro aspecto importante es que se va a cambiar la expresión Ordinario por

---

[107] Cf. PCCICR, *Schema Codicis Iuris Canoniciiuxta animadversiones S.R.E. Cardinalium, Episcoporum Conferentiarum, Dicasteriorum Curiae Romanae, Universitatum Facultatum que ecclesiasticarum nec non Superiorum Institutorum vitae consecrata ere cognitum (Patribus Commissionis reservatum)*, Città del Vaticano, 1980, 255.

Ordinario del lugar, de igual forma sin añadir ningún motivo concreto en los documentos que narran y detallan el proceso de codificación.

Entre las posturas contrarias a las modificaciones a los cánones del esquema, no se objeta nada del primer parágrafo del canon. Por otra parte, en el segundo sí que se va a solicitar que no se haga ninguna referencia a las cualidades del sacerdote que ha de ser exorcista, sino que se deje la cuestión a juicio oportuno del Ordinario del lugar. El veredicto al que finamente se llegará es que se van a dejar dichos criterios expresados en el canon porque han resultado de mucha utilidad en el pasado. [108]

Finalmente, el canon de este segundo esquema de 1980 será ya definitivo, quedando igual en el esquema de 1982[109] y pasando intacto al Código de Derecho Canónico promulgado por el Papa Juan Pablo II.

Antes de pasar al análisis del Nuevo Ritual, y ver así uno de los motivos por el cual urgió su aparición, cabe destacar que la legislación fue algo ambigua en cuanto al uso de la gran cantidad de rituales que existían y la competencia de los laicos en esta materia[110]. Es así que en 1985 la "Carta a los Ordinarios acerca de las normas sobre los exorcismos" de la Congregación para la Doctrina de la Fe, la cual citábamos en nuestra introducción, amonestó a aquellos utilizasen las fórmulas del exorcismo mayor como culto privado en reuniones de fieles, convocadas para orar utilizando las fórmulas del exorcismo de León XIII contenidas en el Ritual Romano tridentino[111].

No en vano, años más tarde el Catecismo publicado en 1992 volvería a recalcar en su número 1673 que «El exorcismo solemne sólo puede ser practicado por un sacerdote y con el permiso del Obispo».

---

[108] Cf. PCCICR, «*Relatio complectens synthesim animadversionum ab Em. Mis atque Ex. Mis Patribus commissionis ad novissimum schema Codicis Iuris Canonici exhibitarum, cum responsionibus a secretaria et consultoribus datis*», in Communicationes 15 (1983), 244: "*Res arbitrio et prudentiae Ordinarii loc irelinquatur, nullis indicates qualitatibus requisitis* (Quidampater). *R. Qualitates critérium utile praebent, uti experientia docet*".

[109] Cf. PCCICR, *Codex Iuris Canonici schema novissimum post consultationem S.E.R. Cardinalium, Episcoporum Conferentiarum, Dicasteriorum Curiae Romanae, Universitatum Facultatum que ecclesiasticarum necnon Superiorum Institutorum vitae consecrate erecognitum, iuxta placita Patrum Commissionis deinde emendatum atque Summo Pontifici praesentatum 25 martii 1982, Civitate Vaticana 1982*, 207.

[110] F.L. AHOUANDJISSI, *L'exorcisme dans l'eglise catholique romaine (c. 1172 § 1) une necessite pastorale pour la nouvelle evangelisation: le cas du diocèse d'Abomey en République du Bénin*, Madrid: Ediciones Universidad San Dámaso, 147 y ss.

[111] Cf. AAS 77 (1985) 1169-1170.

3. Nuevo Ritual de 1999

El nuevo Ritual de Exorcismos fue establecido después del Concilio Vaticano II en el año 1999, bajo la autoridad del papa Juan Pablo II[112].

Nos parece importante, para situarnos mejor en la actual relación entre el canon 1172 y los rituales litúrgicos adaptados, citar de forma completa la notificación previa que realiza la Congregación para el Culto Divino y la disciplina de los Sacramentos al principio del ritual:

«El Rito de Exorcismos

La edición latina del renovado rito de Exorcismos aprobada el 1° de octubre de 1998 por el Sumo Pontífice Juan Pablo II, fue dada a conocer en el día de ayer y, conforme al decreto de este Dicasterio, puede ser utilizada por aquellos a quienes compete por Derecho desde este mismo momento.

La Congregación del Culto Divino y de la Disciplina de los Sacramentos, por la peculiar facultad otorgada a la misma por el Sumo Pontífice (cfr. Decretos de la Secretaría de Estado n. 434.563 del día de 2 de octubre de 1998), establece y declara lo que sigue.

Dado que compete al Obispo diocesano, en la diócesis a él confiada, la moderación de la Sagrada Liturgia y el ejercicio de la tarea pastoral es por ello que, para aliviar misericordiosamente a los fieles en la lucha contra el poder del diablo, examinada con diligencia cada situación, podrá pedir a la Santa Sede que un sacerdote, a quien el cargo de exorcista fuere confiado, pueda también emplear el rito hasta ahora usado según el título XII de la edición de 1952 del Ritual Romano.

La Congregación del Culto Divino y de la Disciplina de los Sacramentos, atendiendo a las peticiones de los Ordinarios, que conocen enteramente la realidad pastoral de su jurisdicción, concede gustosamente la facultad pedida.

---

[112] Cf. R. SERRES LÓPEZ DE GUEREÑU, El nuevo ritual de exorcismo, Revista de investigación e información teológica y canónica, ISSN 0210-1610, Vol. 78, N°. 307, 2003, 743-764.

Dadas en la Sede de la Congregación, a los veintisiete días del mes de enero de mil novecientos noventa y nueve.

Jorge A. Card. Medina E. Prefecto

Mario Marini Subsecretario»[113].

Como vemos, el escrito justifica que dicho Ritual surge a partir de las postulaciones llevadas a cabo por el Concilio Vaticano II en su Constitución *Sacrosanctum Concilium*, para adaptar la liturgia a las nuevas necesidades de la Iglesia Universal (cf. SC 1), así como a la nueva legislación canónica (cf. CIC 1172). Veamos como lo expresa el Cardenal Medina Estévez en la presentación oficial del mismo:

> «El Ritual romano contenía, en un capítulo especial, las indicaciones y el texto litúrgico de los exorcismos. Este capítulo era el último, y había quedado sin ser revisado después del Concilio Vaticano II. La redacción final del Rito de los exorcismos ha requerido muchos estudios, revisiones, renovaciones y modificaciones, consultas a las diversas Conferencias episcopales; todo ello analizado por parte de una Asamblea ordinaria de la Congregación para el culto divino. El trabajo ha costado diez años de esfuerzos, dando como resultado el texto actual, aprobado por el Sumo Pontífice, que hoy se hace público y se pone a disposición de los pastores y de los fieles de la Iglesia. Resta, no obstante, un trabajo que incumbe a las respectivas Conferencias episcopales: la traducción de este Ritual a las lenguas habladas en sus respectivos territorios. Estas traducciones deben ser exactas y fieles al original latino, y deben ser sometidas, según la norma canónica, a la *recognitio* de la Congregación para el culto divino»[114].

Una vez visto y aceptado lo anterior, es importante apuntar aquí, que después del Motu Propio *Summorum Pontificum* llevado cabo por Benedicto XVI en el año 2007[115], el cual versaba sobre el uso de la liturgia romana anterior a la reforma efectuada en 1970, la Pontificia Comisión «Ecclesia Dei»[116], presidida por el Card. William Levada, publicó con la aprobación del

---

[113] CONGREGACIÓN PARA EL CULTO DIVINO Y LA DISCIPLINA DE LOS SACRAMENTOS, Prot. 1280/98/L, decreto.

[114] El nuevo rito de los exorcismos, Presentación oficial del cardenal Medina Estévez, prefecto de la Congregación para el culto divino y la disciplina de los sacramentos en la sala de Prensa de la Santa Sede (Martes 26 de enero de 1999).

[115] AAS 99 [2007] 795-799.

[116] La Pontificia Comisión "*Ecclesia Dei*" fue constituida por Juan Pablo II con el Motu Proprio del 2 de julio de 1988, «con la tarea de colaborar con los obispos, con los dicasterios de la Curia Romana y con los ambientes interesados, para facilitar la plena

Papa la Instrucción *Universae Ecclesiae*[117] (2011), para interpretar oficialmente el Motu Proprio anterior. Y en el n. 35 dispone: «Se permite el uso del *Rituale Romanum* vigente en 1962». Como advertimos en el párrafo anterior, esta decisión de la Santa Sede, en la práctica, deja a un lado el nuevo Ritual de exorcismos, aunque no lo retire. De hecho, según parece, la mayoría actual de los exorcistas sigue usando el Ritual antiguo, tanto los que antes de 1999 venían usándolo, como los más recientes.

Todo esto ha surgido a raíz de que el nuevo ritual haya recibido quejas por parte de algunos exorcistas, aludiendo a su poca eficacia en comparación con los rituales pretéritos[118]. A su parecer dicha realidad estriba en la poca incidencia que se hace en este ritual a las invocaciones directas al demonio/s en cuestión en favor de las alabanzas a Dios y la petición de su intercesión. El motivo es que la comisión para el nuevo ritual estaba conformada por liturgistas, no por exorcistas. Esto ha provocado que muchos sigan utilizando la adaptación de 1952, y es que los exorcistas actuales pueden usar el Ritual Romano antiguo sin necesidad de pedir licencia para ello, como pudimos comprobar ya desde la "Notificación previa" firmada por el Prefecto al inicio del ritual.

Por otra parte, cabe destacar que el número 13 del ritual nos vuelve a recordar, a la luz del canon 1172, que el ministerio de exorcizar a los posesos se concede por una licencia peculiar y expresa del Ordinario del lugar «(…) *qui pro norma Episcopus ipse dioecesanus erit* (…)»[119].

El nuevo Ritual, a diferencia del de 1614 que comenzaba con una introducción en la que ofrecía en 21 puntos una serie de normas prácticas y detalladas para la celebración del exorcismo, se abre con una exposición sintética de los principales elementos de la doctrina de la Iglesia que están en la base de este sacramental, y que son necesarios para interpretarlo y practicarlo rectamente[120].

---

comunión eclesial de los sacerdotes, seminaristas, comunidades, religiosos o religiosas, que hasta ahora estaban ligados de distintas formas a la Fraternidad fundada por el arzobispo Lefebvre y que deseen permanecer unidos al Sucesor de Pedro en la Iglesia católica».

[117] La Instrucción fue aprobada por el propio Pontífice en la audiencia concedida al cardenal presidente el 8 de abril de 2011, y lleva la fecha del 30 de abril de 2011

[118] A. DOÑORO, *Fuentes y teología del Ritual de 1952*, Toledo: Instituto Teológico San Ildefono, 2016, 15 y ss.

[119] Cf. DESQ, 13.

[120] Cf. R. SERRES LÓPEZ DE GUEREÑU, op.cit., 746.

Está dividido en distintas partes. Al prescrito *Decreto* y a una extensa *Presentación* oficial del Card. Medina, van unidos unos largos *Praenotanda*, los cuales van a desarrollar la doctrina y la práctica de los exorcismos (1-38). A continuación, el texto mismo de los exorcismos (39-84). Termina el Ritual con algunos *Apéndices*, que entre otras cosas incluyen oraciones ya tradicionales, como *Bajo tu amparo, Acordáos*, la oración a San Miguel arcángel, de León XIII, etc.

El esquema general de los contenidos del nuevo Ritual es el siguiente:[121]

A la Introducción le siguen los *Praenotanda*, distribuidos en seis secciones (I-XXXVIII).

El capítulo primero, núcleo de la obra, se refiere al "Rito del Exorcismo Mayor" (XXXIX-XLVI).

El capítulo segundo se organiza en tres secciones. La primera transcribe los salmos que pueden usarse en el Rito (LXVII-LXXV); la segunda, las perícopas evangélicas (LXXVI-LXXX); y la tercera, las fórmulas litúrgicas de exorcismo (LXXXI-LXXXIV).

La obra se cierra con el Apéndice, que consta de dos secciones, con textos bíblicos y eucológicos que pueden ser usados libremente por los laicos.

A modo de síntesis conclusiva de este punto, nos servimos de la valiosa e iluminadora aportación al respecto del Nuevo Ritual de Exorcismos que nos brinda el Catedrático de Derecho Canónico D. Roberto Serres López de Guereñu:

> «El Ritual de exorcismos renovado es una expresión de la fe de la Iglesia, de la que forman parte la existencia del demonio y su actuación en el mundo para alejar a los hombres del camino de la salvación. En el centro del rito está el designio salvífico y misericordioso de Dios, y la victoria de Cristo que, a través de la Iglesia, se acerca al hombre atormentado por el demonio para liberarlo de su acción maléfica.
>
> La normativa sobre los exorcismos se inspira en dos preocupaciones fundamentales. La primera de ellas consiste en que el exorcismo se celebre como un acontecimiento de salvación, en un contexto de fe, de conversión y de vida cristiana, evitando todo lo que se pueda prestar a superstición, sensacionalismo o espectáculo. De ahí que se insista en el significado religioso de cada uno de los gestos y ritos, en las actitudes interiores de la persona que va a ser exorcizada y de quienes,

---

[121] Cf. A. SOSA, Satanás: Un dogma de fe, Neckenmarkt: Vindobona Verlag, 2014, 84.

eventualmente, la acompañen, así como en la discreción que todos deben mantener.

La segunda está en la prudencia a la hora de proceder a la celebración del rito, evitando cualquier precipitación y ligereza. Por eso, se pide al exorcista la certeza moral de encontrarse ante una intervención del maligno y se le advierte que debe tener cuidado para no confundir la agresión diabólica con alguna enfermedad de naturaleza psíquica, para lo cual se servirá de la ayuda de médicos especialistas.

La tutela de estas dos exigencias se realiza poniendo bajo la especial responsabilidad del Obispo diocesano toda esta materia, tanto en el inicio, ya que él debe conceder licencia al sacerdote que va a celebrar el exorcismo, sin la cual éste no puede actuar, como durante el período de discernimiento y de celebración del exorcismo, puesto que el sacerdote exorcista actúa siempre bajo la guía del Obispo diocesano, a cuyo juicio debe someter los casos más difíciles.

La competencia, la preparación específica y el equilibrio, junto con la fe, la piedad y la integridad de vida, del sacerdote designado para esta misión, cualidades todas que debe valorar el Obispo al conceder la licencia, resultan decisivas para que la celebración del exorcismo alcance todo su significado y contribuya al bien de las personas que solicitan este sacramental y al bien de la vida de la Iglesia»[122].

Pastoral de liberación: breve excursus

La pastoral de liberación es un ministerio dentro de la Iglesia Católica que se enfoca en ayudar a las personas a liberarse de las influencias negativas y opresivas, incluyendo la posesión demoníaca. En el contexto del exorcismo, la pastoral de liberación puede ser vista como un proceso previo al rito del exorcismo, donde se brinda asesoramiento pastoral y se evalúa si una persona necesita o no el rito del exorcismo. La pastoral de liberación, pues, es parte de este complejo proceso.

Veamos ahora un ejemplo práctico y actual de todo lo que hemos visto analizando los pasos a seguir por una persona que solicita el rito de exorcismo en una diócesis de EEUU[123]:

- Política de Liberación y Exorcismo:

---

[122]Cf. R. SERRES LÓPEZ DE GUEREÑU, op.cit., 764.

[123] DIÓCESIS DE ORANGE, Fuente: https://rcbo.org/es/ministry/exorcism-ministry/ (consultado 08/08/2022).

Personas que buscan el ministerio de liberación personal o exorcismo del clero diocesano bajo mandato (junto con su equipo de laicos y profesionales de la salud mental):

1. Para católicos o no católicos que residen en la Diócesis de Orange, el primer paso es solicitar una cita con su párroco local.

   o Durante la cita, el sacerdote escuchará la historia de la persona, brindará asesoramiento pastoral, rezará y, según la naturaleza del caso, completará el "Formulario de admisión" requerido.

2. Si la persona todavía se considera bajo opresión o ataque espiritual, se la deriva a una consulta con un profesional de salud mental de su elección para ayudar a discernir cualquier condición médica o de salud mental antes de las sesiones de liberación.

   o Una vez que el profesional de salud mental pueda completar su evaluación y entregarla al equipo de liberación, el coordinador laico de liberación/exorcismo llamará a la persona para trabajar en la logística de una sesión de ministerio de oración.

   o A la persona se le ofrecerá una fecha, hora y lugar para asistir al ministerio de liberación dirigido por el sacerdote designado y su equipo laico.

   o La persona recibirá una receta de oración de 30 días para ayudar a fortalecer su vida espiritual. Esto es parte del pre-cuidado y post-cuidado. La pastoral posterior se hace con el párroco.

   o La confidencialidad está asegurada durante todo el proceso.

   o El sacerdote de liberación por mandato y el equipo discernirán en oración si la situación de la persona es un caso para el exorcista por mandato diocesano cuyo nombre permanecerá en el anonimato. Si se requiere el rito mayor de exorcismo, el coordinador laico aconsejará a la persona sobre los próximos pasos.

3. Los padres que buscan el ministerio para un hijo o hija menor de dieciocho años pueden comenzar haciendo una cita para su hijo con el párroco de su localidad, y el esquema anterior es el mismo.

4. Si bien los padres pueden desear el ministerio para niños mayores de 18 años, a esa edad, el hijo o la hija debe tomar la iniciativa en su cuidado y seguir el esquema anterior.

   - Política de Liberación de un Lugar:

Las oraciones por la liberación de un lugar pueden ser rezadas por todos y cada uno de los sacerdotes.

o   Aquellos que buscan la bendición o limpieza de su hogar o negocio deben comunicarse con su párroco local.

o   El protocolo del obispo proporciona las oraciones apropiadas."

V.   Conclusión

En conclusión, esta tesina ha abordado la autorización que debe dar el obispo según el canon 1172 en relación con la realización de exorcismos mayores. Hemos visto que el canon establece una serie de requisitos y procedimientos para obtener la licencia peculiar y expresa del Ordinario del lugar, y que esta solo puede ser concedida a un presbítero piadoso, docto, prudente y con integridad de vida.

Además, hemos explorado la figura de Satanás en la Iglesia Católica, los diferentes tipos de exorcismos y los cambios en el Código de Derecho Canónico a lo largo del tiempo. También hemos analizado la importancia de la atención pastoral y espiritual en la Iglesia Católica.

En cuanto a la aportación bíblica sobre Satanás como ser real es importante recordar la mención del Catecismo de la Iglesia, en su número 2851, que establece que «El mal no es una abstracción, sino que designa una persona, Satanás, el Maligno, el ángel que se opone a Dios. El 'diablo' (diábolos) es aquél que 'se atraviesa' en el designio de Dios y su obra de salvación cumplida en Cristo». Además, la lectura holística de la Biblia contradice la postura teológica de que el término "Satán" es un sinónimo de la naturaleza humana interna. Por otra parte, la figura de Satanás ha estado presente en la teología y la práctica de la Iglesia Católica desde sus inicios. Aunque su existencia nunca ha sido objeto formal de una definición, se menciona en numerosas fórmulas doctrinales de concilios locales y ecuménicos y en los documentos del magisterio.

A lo largo de los siglos, la visión de Satanás ha evolucionado desde una figura más abstracta a una entidad personal con poderes sobrenaturales. En el siglo IV, San Agustín desarrolló una teología más completa sobre el diablo y su papel en el mundo. Durante la Edad Media, se produjo un aumento en las representaciones artísticas del diablo como una figura grotesca y malvada. En tiempos más recientes, la Iglesia ha enfatizado la importancia de no caer en superticiones o exageraciones sobre el diablo y su poder, sino mantener una perspectiva equilibrada basada en las enseñanzas bíblicas y teológicas.

Continuamos diciendo que, según nuestro estudio, aunque no existe un fundamento bíblico para el rito formal del exorcismo aparte del uso de citas o fragmentos de los salmos y del Evangelio, el criterio para hacer un exorcismo está cimentado en el ministerio de Jesucristo. Además, como hemos indicado, la figura de Satanás ha estado presente en la teología y la práctica de la Iglesia Católica desde sus inicios, y la realización de exorcismos ha sido una práctica común en la Iglesia desde los primeros siglos. En resumen, los presupuestos teológicos que respaldan la práctica del exorcismo en la Iglesia son su origen en el ministerio de Jesucristo y su presencia histórica y teológica en la Iglesia Católica.

Como analizamos en la segunda parte de nuestro estudio, los exorcismos están divididos en dos clases o formas. Las formas sencillas o menores de exorcismo se encuentran en dos lugares: primeramente para aquellos que se preparan para el Bautismo, el Ritual de la Iniciación cristiana de adultos y el Ritual para el Bautismo de los niños ambos contienen exorcismos. En segundo lugar, el apéndice del Rito de Exorcismo incluye una serie de oraciones que pueden ser usadas por los fieles, conocidos como exorcismos menores.

La segunda clase de exorcismo es la solemne o el "exorcismo mayor", cuyo rito solo puede hacerlo un obispo o un sacerdote; este último ha de tener un permiso especial y expreso del ordinario local. Por lo tanto, la principal diferencia entre el exorcismo bautismal y otros exorcismos es que los primeros se realizan durante la ceremonia del bautismo, mientras que los segundos son realizados por un obispo o sacerdote con permiso especial y expreso del ordinario local.

En la parte final de nuestro estudio hemos visto cómo el Código de Derecho Canónico de 1917 regulaba el exorcismo en los cánones 1151-1160, mientras que el Código de Derecho Canónico de 1983 lo hace en el canon 1172. La principal diferencia entre ambos códigos es que el canon 1172 del Código de Derecho Canónico de 1983 establece que nadie puede realizar legítimamente exorcismos sobre los posesos sin licencia peculiar y expresa del ordinario del lugar (obispo), y que esta licencia solamente se concederá a un presbítero piadoso, docto, prudente y con integridad de vida, acabándose ya con el ministerio de exorcista en la nueva legislación. Además, el nuevo Ritual de 1999 ha introducido nuevos elementos en la práctica del exorcismo.

Por otro lado, hicimos hincapié en la importancia de la formación adecuada para los sacerdotes que deseen convertirse en exorcistas y la atención pastoral y espiritual en la Iglesia Católica. Aunque el exorcismo es una práctica compleja y fascinante, debe ser realizada con precaución y bajo las regulaciones establecidas por la Iglesia.

Todo lo dicho se ha de vertebrar en la conocida como pastoral de liberación. La pastoral de liberación es un ministerio de la Iglesia Católica que se enfoca en ayudar a las personas a liberarse de las influencias negativas y opresivas del mal, incluyendo la posesión demoníaca. La pastoral de liberación se relaciona con el exorcismo en la Iglesia porque el exorcismo es una forma específica de liberación que se utiliza para expulsar a los demonios o espíritus malignos que han poseído a una persona. En este sentido, el exorcismo mayor es una herramienta importante dentro del ministerio de la pastoral de liberación. Las personas que buscan el ministerio de liberación personal o exorcismo del clero diocesano bajo mandato deben seguir ciertos pasos, como solicitar una cita con su párroco local y completar un formulario de admisión requerido.

Debemos notar que la Iglesia considera que la posesión demoníaca es un fenómeno real, pero que no debe ser la primera explicación para los problemas de tipo "anormal" o espiritual que experimentan las personas. Se destaca la importancia de descartar primero otras causas posibles, como problemas psicológicos o psiquiátricos, antes de considerar la posesión demoníaca.

Además, mencionamos que el exorcismo no es una práctica exclusiva de la Iglesia Católica, y que otras religiones y culturas también tienen sus propias formas de lidiar con los espíritus malignos. Sin embargo, se enfatiza que el exorcismo en la Iglesia Católica sigue un conjunto específico de rituales y regulaciones establecidos por la Iglesia.

Visto lo anterior, recordamos la importancia de llevar a cabo el exorcismo con precaución y bajo las regulaciones establecidas por el Derecho Canónico, así como tener en cuenta otras causas posibles antes de considerar la posesión demoníaca. La Iglesia da prioridad a la atención pastoral y espiritual, así como a la asistencia médica y psicológica antes de considerar el exorcismo como una opción. La idea detrás de esto es garantizar que la persona que está experimentando problemas espirituales reciba la atención adecuada y se aborden todas las posibles causas físicas y psicológicas de su comportamiento. También se enfatiza que los resultados del exorcismo pueden variar y que a veces se requiere una combinación con otros tratamientos para lograr una liberación completa.

Con todo, he intentado proporcionar una visión amplia sobre el tema del exorcismo en la Iglesia Católica desde una perspectiva legal, teológica y práctica. A través de una exploración detallada y exhaustiva del canon 1172 del Código de Derecho Canónico de 1983 y de la práctica del exorcismo en la Iglesia Católica, he buscado una comprensión más profunda y completa de este asunto complejo y fascinante. Hemos abordado una amplia gama de temas, desde la teología de Satanás y la demonología hasta la historia y la práctica del exorcismo en la Iglesia.

He intentado justificar cómo la existencia del diablo no puede discutirse, pero también notando que el diablo no puede concebirse como un rival autónomo de Dios, ya que es una criatura finita cuyo mal está controlado por el poder, la libertad y la bondad del Creador. La situación de perdición no está constituida por la mera libertad humana, sino que también está constituida por una libertad anterior y superior al hombre, pero creada y finita.

Mi objetivo primordial ha sido contribuir al estudio de la teología y la práctica del exorcismo en la Iglesia Católica, proporcionando una comprensión más profunda de este submundo teológico. Espero que mi esfuerzo facilite el trabajo a cualquier persona interesada en la cuestión del exorcismo y la demonología en la Iglesia Católica.

Siglas y abreviaturas

AT	Antiguo Testamento
BAC	Biblioteca de Autores Cristianos
cap.	Capítulo
CB	Cuadernos bíblicos
CEC	Catecismo de la Iglesia Católica
CIC	Código de Derecho Canónico
cf.	*"confer"* (=véase)
col.	colección
cuad.	cuaderno
DESQ	*De exorcismis et supplicationibus quibusdam*
dir.	Director
DicEspir	Diccionario de espiritualidad
DV	*Dei Verbum*
edic.	edición
GS	*Gaudium et Spes*
LG	*Lumen Gentium*
MQ	*Ministeria quaedam*
NT	Nuevo Testamento
OT	*Optatam Totius*
q.	*questio* (=cuestión)
P.	Padre
S.Th.	*Summa Theologiae*
ss.	siguientes
t.	tomo
v.	versículo
vol.	volumen

FUENTES Y BIBLIOGRAFÍA

57

Fuentes:

COLLANTES, J., La fe de la Iglesia Católica, Madrid: BAC, 1995.

CÓDIGO DE DERECHO CANÓNICO 1917.

CÓDIGO DE DERECHO CANÓNICO 1983.

CONCILIO VATICANO II, Constituciones, Decretos, Declaraciones, Madrid: BAC, 1978.

CONFERENCIA EPISCOPAL ESPAÑOLA, Bendicional, Madrid: BAC, 2020.

CONGREGACIÓN PARA LA DOCTRINA DE LA FE, Fe Cristiana y Demonología, 26-6-1975.

CONGREGACIÓN PARA EL CULTO DIVINO Y LA DISCIPLINA DE LOS SACRAMENTOS, Prot. 1280/98/L, Decreto.

DEZINGER, H., El Magisterio de la Iglesia, Barcelona: Herder, 1963.

JUAN PABLO II, Catecismo de la Iglesia católica, Bilbao: Asociación de Editores del Catecismo, 1992.

JUAN PABLO II, Constitución Apostólica *Sacrae Disciplina Leges* (25-1-1983).

RITUAL ROMANO DE EXORCISMOS Y OTRAS SÚPLICAS, Apéndice II, Versión castellana de la edición típica, 2005.

Bibliografía:

ANSGAR KELLY, H., Pobre Diablo: Una biografía de Satanás, Barcelona: Global Rhythm, 2011.

AMORTH, G., Habla un exorcista, Barcelona: Planeta, 2001.

ÁLVAREZ VALDÉS, A., ¿Cuál es el origen del diablo?, Pamplona: Verbo Divino, 2020.

ASOCIACIÓN INTERNACIONAL DE EXORCISTAS, Directrices para el Ministerio de Exorcismo, Amazon, 2020.

BALDUCCI, C., La posesión diabólica, Barcelona: Martínez Roca, 1976.

- El diablo. Existe y se puede reconocerlo, Bogotá: Ediciones Paulinas, 1990.

BAMONTE, F., *Possessioni diaboliche e desorcismo*, Paoline 2006.

BAUDELAIRE, C., El jugador generoso, Pequeños poemas en prosa, n 29, Madrid: Cátedra, 1986, 104.

BIALOBRZESKI, T., Las normas de procedimiento administrativo en los proyectos de la «*lex de procedura administrativa*» (1963-1983), Navarra: Eunsa, 2008.

BORTONE, F., Demonio, Dic Espir 1, 548.

BULTMANN, R., Jesucristo y mitología, Barcelona: Ariel, 1970.

BURTON RUSSELL, J., Satanás: la primitiva tradición cristiana, México: Fondo de cultura económica, 1986.

CAPELLE, W., Historia de la filosofía griega, Madrid: Editorial Gredos, 2009.

CASES, E., Jesús contra Satán, Barcelona: Stella Maris, 2015.

CORTÉS, J.B., Proceso a las posesiones y exorcismos, Madrid: Ediciones Paulinas, 1978.

- «Exorcismos y liturgia», en Nuevo Diccionario de Liturgia, Madrid: Ediciones Paulinas, 1987.

DANIELOU, J., Sacramentos y culto según los santos padres, Madrid: Ediciones Cristiandad, 1965.

DERMINI, F.M., *Ragioniamo sul demonio tra superstizione, mito e realtà*, Bolonia: ESD-Edizioni Studio Domenicano, 2020.

DOÑORO, A., Fuentes y teología del Ritual de 1952, Toledo: Instituto Teológico San Ildefono, 2016.

DUQUOC, C., *Symbole ou réalité*, LumVie 15 [1966] 99-105.

FEINER, J.; LOHRER, M., *Mysterium Salutis*, vol. V, El cristianismo en el tiempo y la consumación escatológica, Madrid: Ediciones Cristiandad, 1984.

FERNÁNDEZ MERINO, A., Magia y religión: Diferencia y similitudes, Madrid: Independently published, 2020.

FLICK, M.; ALSZHEGY, Z., Los comienzos de la salvación, Salamanca: Sígueme, 1965.

GANDÍA BARBER, J. D., La licencia para realizar exorcismos, Valencia: Univ. Catól. De Valencia, 2013.

GRAJALES, D. V., La posesión demoníaca: psicosis, neurosis histérica o trastorno neuropsicológico, Poiésis, (36), 2019, 192-199.

HAAG, H., El diablo, su existencia como problema, Barcelona: Herder, 1978.

JOSÉ MARÍA, F., Ministerio de liberación: El oficio de exorcista, Salamanca: San Esteban, 2010.

KASPER, W., Diablo-Demonios-Posesión, Brescia, 1985.

LABOA, J. M., Historia de la Iglesia. IV: Época contemporánea, Madrid: BAC, 2002.

LAURENTIN, R., El demonio ¿símbolo o realidad?, Bilbao: Descleé de Brouwer, 1998.

MIGUÉLEZ, L.; ALONSO, S.; CABRERO, M., Código de Derecho Canónico (1917) y legislación complementaria, Madrid: BAC, 2009.

MIQUEL PERICÁS, E., Jesús y los espíritus: Aproximación antropológica a la práctica exorcista de Jesús, Salamanca: Sígueme, 2009.

MONDEN, L., El milagro, signo de salvación, Barcelona: Herder, 1963.

NANNI, G., *Il dito di Dio e il potere di Satana*, Roma: CISU, 2019.

PROFESORES DE LA UNIVERSIDAD DE SALAMANCA, Derecho Canónico I, Madrid: B.A.C., 2006.

QUASTEN, J., Patrología I y II, BAC: Madrid 1968.

RATZINGER, J., *Dogma y predicazione*, Brecia, 1974.

- Informe sobre la fe, Madrid: BAC, 1985.

RAHNER, K.; VORGRIMLER, H., Diccionario Teológico, voz: Demonios, Barcelona: Herder, 1966.

RODRÍGUEZ FERNÁNDEZ, X.X., La tentación de Jesús y la lucha contra Satán, Salamanca: UPSA, 1999

RUIZ BUENO, D., Padres Apologistas Griegos, Madrid: BAC, 1964.

RUIZ DE LA PEÑA,J., Teología de la Creación, Santander: Sal Terrae, 1986.

SARTORE, D.; TRIACCA, M., Nuevo diccionario de Liturgia [trad. por J. MARÍA CANALS], vol. I, Madrid: Ediciones Paulinas, 1987.

SAYÉS, J.A., El demonio ¿realidad o mito, Valencia: Edicep, 2008.

SCHIAVO, L., La invención del Diablo: cuando el otro es problema, Costa Rica: Lara Segura & Asociados, 2012.

SCHOONENBERG, P., El poder del pecado, Buenos Aires: Carlos Lohlé, 1967.

SOSA, A., Satanás: Un dogma de fe, Neckenmarkt: Vindobona Verlag, 2014, 84.

TILLICH, P., Teología sistemática II, La existencia y Cristo, Barcelona: Ariel, 1973.

TREVIJANO, R., Patrología, Madrid: BAC, Madrid 1994.

VV.AA.; *Lexikonfür Theologie und Kirche*, vol. III, Demonología, 1959.

Made in the USA
Monee, IL
07 July 2026